Informatik im Fokus

Informatik im Fokus

Weitere Titel der Reihe Informatik im Fokus:
http://www.springer.com/series/7871

Gerrit Tamm · Christoph Tribowski

RFID

Prof. Dr. Gerrit Tamm
Humboldt-Universität zu Berlin
FB Wirtschaftswissenschaften
Inst. für Wirtschaftsinformatik
Spandauer Str. 1
10178 Berlin
Germany
gerrit@tamm.de

Dr. Christoph Tribowski
Humboldt-Universität zu Berlin
FB Wirtschaftswissenschaften
Inst. für Wirtschaftsinformatik
Spandauer Str. 1
10178 Berlin
Germany
tribowsc@wiwi.hu-berlin.de

ISSN 1865-4452 e-ISSN 1865-4460
ISBN 978-3-642-11459-5 e-ISBN 978-3-642-11460-1
DOI 10.1007/978-3-642-11460-1
Springer Heidelberg Dordrecht London New York

Die Deutsche Nationalbibliothek verzeichnet diese Publikation in der Deutschen Nationalbibliografie; detaillierte bibliografische Daten sind im Internet über http://dnb.d-nb.de abrufbar.

Einbandentwurf: KünkelLopka GmbH

Gedruckt auf säurefreiem Papier

Springer ist Teil der Fachverlagsgruppe Springer Science+Business Media (www.springer.com)

Vorwort

RFID (Radio Frequency Identification)-Technologie gehört zu den in den letzten Jahren meist diskutierten Themen bezüglich der Optimierung von Wertschöpfungsketten. Obwohl die Technologie als ausgereift erscheint, ist die große Welle der RFID-Implementierungen – insbesondere auf Einzelteilebene – bislang ausgeblieben. Dies hat vielschichtige Gründe. Einer der wichtigsten ist sicherlich, dass Unternehmen vor der Einführungsentscheidung in der Wirtschaftlichkeitsanalyse zu keinem befriedigenden Ergebnis kommen.

Gerade vor dem Hintergrund der andauernden Preisdegression für Lesegeräte und Transponder ist es daher nur eine Frage der Zeit, bis mehr und mehr Anwendungen wirtschaftlich und dann auch realisiert werden. Dabei haben alle relevanten Gesellschaftsgruppen die Potenziale der RFID-Technologie erkannt und bereiten sich gezielt auf diese Zeit vor. Die Universitäten haben das Thema RFID in ihre Curricula aufgenommen und setzen Forschungsprojekte auf, die

Politik fördert diese Forschungsprojekte, die Technologieanbieter und RFID-Interessensverbände preisen die Vorteile, die Unternehmen informieren sich und untersuchen mögliche Anwendungspotenziale und nicht zuletzt achten weitere Gruppen wie Verbraucherschutz- und Umweltverbände auf die Sicherstellung der informationellen Selbstbestimmung und eine mögliche Umweltverträglichkeit.

Die Forschung im Bereich RFID ist noch nicht abgeschlossen. Bislang werden Objekte – ausgestattet mit einem RFID-Transponder – auf verschiedenen Stufen in der Wertschöpfungskette identifiziert und diese Daten werden intern verarbeitet. Zukünftig kann über das Internet dann auf Informationen über diese Objekte (Dinge) zugegriffen werden. Diesem Konzept, bekannt als das „Internet der Dinge“, wurde in letzter Zeit große Beachtung zuteil. Den Wirtschaftsinformatikern stellt sich an dieser Stelle die Frage, mit welcher offenen, standardisierten Systemarchitektur dieses Konzept realisiert und weitere Anwendungen ermöglicht werden können.

Im Jahr 2004 beschloss das Bundesministerium für Wirtschaft und Technologie, mit dem Programm „next generation media – vernetzte Arbeits- und Lebenswelten“ kooperative Forschungs- und Entwicklungsvorhaben zur Entwicklung, Erprobung und Anwendung von neuen Technologien und Standards für intelligente Objekte und deren Vernetzung in ausgewählten Anwendungsgebieten zu fördern. Das Ziel war die Entwicklung von Referenzmodellen und Best-Practice-Beispielen, welche die Machbarkeit und den wirtschaftlichen Nutzen aufzeigen und damit zur Nachahmung anregen sollten. RFID-gestützte, intelligente Logistiknetze bilden eines dieser Anwendungsgebiete. Die Autoren dieses Buches waren darin in dem Projekt „Ko-RFID: Kollaboration in RFID-gestützten Wertschöpfungsnetzen“ beteiligt. Das Verbundprojekt setzte sich aus den Forschungsinstitutionen Institut für Wirtschaftsinformatik der Humboldt-Universität zu Berlin, der Gruppe Knowledge Management and Discovery der Otto-von-Guericke-Universität Magdeburg, dem Bereich Logistik der Technischen Universität Berlin, SAP Research sowie den Industriepartnern Daimler AG, Gerry Weber International AG und der Gustav Wellmann GmbH & Co. KG zusammen. Die Autoren möchten sich an dieser Stelle ausdrücklich bei allen Projektpartnern für die Zusammenarbeit bedanken.

Berlin,
März 2010

Gerrit Tamm
Christoph Tribowski

Inhaltsverzeichnis

Abkürzungsverzeichnis

ALE	engl. Application Level Events (EPCglobal-Standard)
BPMN	engl. Business Process Modeling Notation
Bridge	EU-Projekt „Building Radio Frequency Identification for the Global Environment“
CEP	engl. Complex Event Processing, Verarbeitung komplexer Ereignisse
DESADV	Lieferankündigung (engl. Despatch Advice
DNS	engl. Domain Name Service, Internetprotokoll zum Auflösen von Domänennamen
EDI	Elektronischer Datenaustausch (engl. Electronic Data Interchange)
eEPK	Erweiterte ereignisgesteuerte Prozesskette
EPC	Elektronischer Produktcode (engl. Electronic Product Code)
EPCIS	EPC Informationsdienste (engl. EPC Information Services)

ER	engl. Entity Relationship, ER-Modelle dienen der Datenmodellierung
ERP	engl. Enterprise Resource Planning, Anwendungssoftware zur Unterstützung der Ressourcenplanung eines Unternehmens
GTIN	engl. Global Trade Item Number, Identifikationsnummer zur Produktidentifikation
GUI	Graphische Benutzeroberfläche (engl. Graphical User Interface)
HF	Hochfrequenz
IP	Internetprotokoll
LF	engl. Low Frequency, Niederfrequenz
NVE	Nummer der Versandeinheit
KMU	Kleine und mittlere Unternehmen
KPI	Erfolgskennzahl (engl. Key Performance Indicator)
KGI	Zielerreichungskennzahl (engl. Key Goal Indicator)
ONS	Objektnamensdienst (engl. Object Naming Service)
PET	engl. Privacy-Enhancing Technologies, Technologien zur Förderung des Datenschutzes
PPS	Produktionsplanung und -steuerung
RFID	Radiofrequenzidentifikation (engl. Radio Frequency Identification)
SCM	Wertschöpfungskettenmanagement (engl. Supply Chain Management)
SHF	Super High Frequency
SSCC	Nummer der Versandeinheit (engl. Serial Shipping Container Code)
SWOT	Stärken, Schwächen, Chancen und Risiken (engl. Strengths, Weaknesses, Opportunities, and Threats)

TCO	engl. Total Cost of Ownership, Verfahren bei der Investitionsrechnung
UHF	engl. Ultra High Frequency
UML	engl. Unified Modeling Language, standardisierte Sprache für die Modellierung von Softwaresystemen
XML	engl. Extensible Markup Language, Auszeichnungssprache zur Darstellung hierarchisch strukturierter Daten in Form von Textdaten

Kapitel 1
Einleitung

Die zunehmende Vernetzung der Wertschöpfungsketten, insbesondere die unternehmensübergreifende Zusammenarbeit und die damit verbundenen hohen Anforderungen an Transparenz und Vertrauen motivieren die Bereitstellung von Systemen, welche auf standardisierten und universell einsetzbaren Technologien aufbauen. Die RFID (Radio Frequency Identification)-Technologie und darauf aufbauende Systeme werden sowohl in der Theorie als auch in der Praxis als vielversprechende Lösung bewertet. Innerhalb kurzer Zeit hat sich die RFID-Technologie in unterschiedlichen Branchen als Standard der Objektidentifizierung etabliert.

RFID bietet Unternehmen eine Vielzahl von Vorteilen u. a. im Bereich der Automatisierung und der Prozesstransparenz. Gleichzeitig stellt die Technologie die Unternehmen vor große technische und insbesondere organisatorische Herausforderungen. Betriebliche Prozesse und Abläufe müssen neu strukturiert werden. Zudem steigen die Risiken im Bereich des Datenschutzes und der Sicherheit. Schließ-

G. Tamm, C. Tribowski, *RFID*, Informatik im Fokus,
DOI 978-3-642-11460-1_1,

lich müssen die Technologie und damit verbundene Systeme auf Basis einer ökonomischen (z. B. Wirtschaftlichkeit), rechtlichen (z. B. Betreibermodelle), sozioökonomischen (z. B. Akzeptanz und Vertrauen) und technischen Ebene (z. B. Datensicherheit) umfassend bewertet werden. Aufgrund der noch negativen Wirtschaftlichkeitsberechnung halten sich viele Unternehmen bei der Entscheidung, RFID unternehmensweit oder unternehmensübergreifend einzusetzen, noch zurück. Im Jahr 2009 gab es aber in vielen Branchen Vorzeigeprojekte, welche darauf schließen lassen, dass sich die RFID-Technologie in den folgenden Jahren rasant auch in der Praxis etablieren wird.

1.1 Kurzbeschreibung

RFID-Technologie lässt sich aufgrund ihrer besonderen Eigenschaften zur automatischen Identifikation in diversen Anwendungsgebieten einsetzen.

Im Vergleich zum Barcode zeichnet sich RFID dadurch aus, dass die Maschinenlesbarkeit ohne Sichtkontakt gegeben ist, dass viele RFID-Transponder im Lesefeld quasi gleichzeitig erfasst werden können und dass prinzipiell eine größere Datenmenge auf RFID-Transpondern gespeichert werden kann.

Für die Produktidentifikation bedeutet dies beispielsweise, dass nicht nur die Produktklasse durch einen Barcode, sondern jede Instanz einer Produktklasse durch einen RFID-Transponder voneinander unterschieden werden kann.

Über die Produktidentifikation hinaus kann RFID u. a. für Zugangskontrollen, elektronische Wegfahrsperren, Zeitmessungen bei Sportveranstaltungen, Tieridentifikation, Behälteridentifikation sowie zur Industrieautomation eingesetzt werden. Von den insgesamt fast zwei Milliarden RFID-Transpondern, die im Jahr 2008 verkauft wurden, wurden die meisten in Chipkarten, Eintrittskarten sowie für die Identifizierung von Paletten und Kartons im Handel genutzt (vgl. Abb. 1.1).

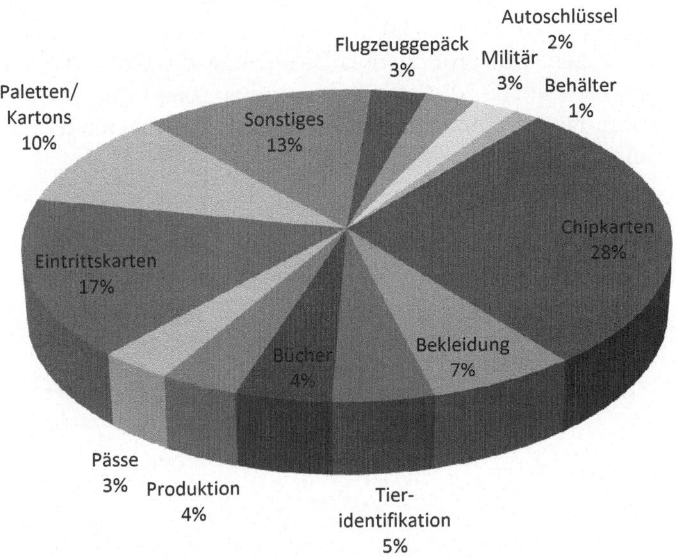

Abb. 1.1 Verwendungszweck der verkauften RFID-Transponder in 2008 nach [61]

Gemäß des aktuellen von Gartner veröffentlichten Hype Cycles befindet sich der Einsatz von RFID auf Paletten und Kartonebene gerade am Wendepunkt vom „Tal der Enttäuschung" zum „Pfad der Erleuchtung". Allerdings wird die Zeit zur Marktreife trotzdem noch mit zwei bis fünf Jahren angegeben [39].

Die Verwendung von RFID-Technologie auf Produktebene im Jahr 2008 befindet sich dagegen mit 8 Millionen für diesen Zweck eingesetzten Transpondern noch bei gerundeten 0%. Es kann also davon ausgegangen werden, dass das Potenzial der RFID-Technologie noch bei weitem nicht ausgeschöpft ist (vgl. Abb. 1.2). Erste Wertschöpfungsketten beginnen die RFID-Technologie unternehmensübergreifend einzusetzen. Ein prominentes Beispiel ist die Gerry Weber International AG, die am 26. November 2009 bekannt gab, im kompletten Sortiment alle Bekleidungsstücke mit RFID-Transpondern auszustatten [42].

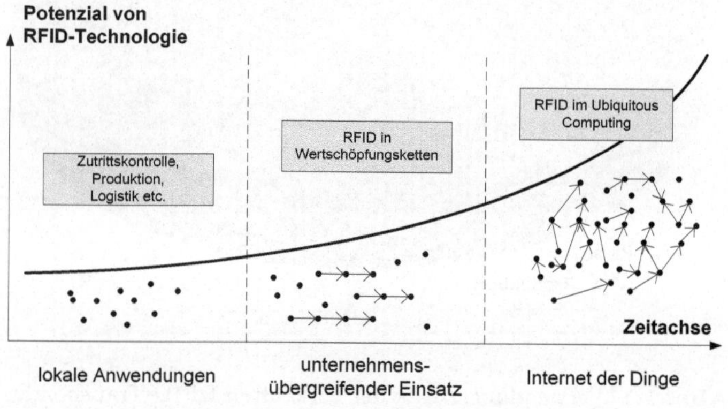

Abb. 1.2 Ausschöpfung des Potenzials von RFID

Wird ein Blick in die Zukunft geworfen, dann werden mehr und mehr Produkte mit einem RFID-Transponder ausgestattet sein und eine Identität besitzen. Wenn Hersteller und Händler dann über das Internet Informationen und Dienste zu diesen Produkten anbieten, wird die Technologie nicht nur zur Optimierung der Wertschöpfungskette eingesetzt, sondern auch Vorteile für Endkunden bringen. Die technische Grundlage für dieses „Internet der Dinge" befindet sich zurzeit in der Entwicklung.

1.2 Gliederung und Vorgehensweise

Unternehmen müssen den Einsatz der RFID-Technologie methodisch fundiert planen und umsetzen. In diesem Buch werden daher die grundlegenden technischen Konzepte, Funktionen, Standards und Normen der RFID-Technologie vorgestellt. Ein historischer Abriss verdeutlicht die Allgegenwärtigkeit der RFID-Technologie. Insbesondere die Standards des „Internet der Dinge" – u. a. EPC, EPCIS und ONS – werden maßgeblich den Erfolg der RFID-Technologie beeinflussen und schaffen die technologischen Voraussetzungen für das „Internet der Zukunft" – der Verbindung zwischen dem „Internet der Dinge" und dem „Internet der Dienste". Mögliche RFID-Anwendungsbereiche werden auf Basis der EU-Richtline und anhand von bereits etablierten Standards, Normen und Gesetzen reflektiert. Die Stärken, Schwächen, Chancen und Risiken werden sowohl aus einer Unternehmensperspektive, als auch aus einer politischen Perspektive anhand von Beispielen dargestellt.

Für die Einführung der RFID-Technologie und der damit verbundenen Informationssysteme fehlt es den Unternehmen oft an Rüstzeug für methodisch fundiertes Vorgehen.

In diesem Buch wird ein Vorgehensmodell vorgestellt, welches Informationen aus diversen Informationsquellen und auch gesammelte Erfahrungen integriert. Die während des Vorgehensmodells eingesetzten Entscheidungsmethoden (Potenzialanalyse und Kosten- und Nutzenanalysen) werden ausführlich beschrieben und es wird auf weiterführende Literatur und unterstützende Softwarewerkzeuge verwiesen.

Fallstudien aus ausgewählten Branchen vermitteln dem Leser schließlich anschaulich die Potenziale, kritische Erfolgsfaktoren und Risiken bei der Einführung und Nutzung der RFID-Technologie.

1.3 Zielsetzung und Zielgruppe

Dieses Buch soll Unternehmen, Studierenden, Dozenten und Beratern helfen, sich das notwendige RFID-Basiswissen in kompakter Form anzueignen. Dafür entfallen die Inhalte gleichermaßen auf Informationen zur RFID-Technologie, auf Methoden zur Einführung sowie auf Praxiserfahrungen.

Der Inhalt ist dabei stets konzise gehalten und verliert sich nicht in Details. Für weiterführende Informationen wird auf insgesamt 139 Literaturquellen sowie auf Onlinequellen verwiesen. In tabellarischer Form werden verschiedene Vorgehensmodelle zur RFID-Einführung, Softwarewerkzeuge für Wirtschaftlichkeitsbetrachtungen sowie Hinweise zur Sicherstellung des Datenschutzes übersichtlich dargestellt.

Das Buch blickt kurz auf die Entwicklung der RFID-Technologie zurück und enthält aktuelle Daten zur Marktentwicklung von RFID-Systemen, den derzeitigen Stand der

Technologie sowie aktuelle Entwicklungen beispielsweise im Rahmen der Standardisierung. Dem „Internet der Dinge“ wird als zukünftige Entwicklungsperspektive für RFID ein eigener Abschnitt gewidmet.

Kapitel 2
RFID-Technologie

Die Radiofrequenzidentifikation gehört – wie der Barcode – zur Klasse der automatischen Identifikationssysteme und kann als Querschnitttechnologie betrachtet werden, die in diversen Anwendungsgebieten ihren Einsatz findet.

Über die aktuelle und zukünftige Bedeutung der Technologie sind sich Experten aus Wissenschaft, Wirtschaft und Politik einig. Sie wird das produzierende Gewerbe, den Handel und Verkehr sowie private und öffentliche Dienstleistungen signifikant beeinflussen. Einer Schätzung aus dem Jahr 2007 vom Bundesministerium für Wirtschaft und Technologie zufolge soll die Beeinflussung der Bruttowertschöpfung durch RFID von 0,5% in 2004 auf 8% in 2010 steigen [8].

Über die genauen Zahlen lässt sich natürlich streiten, aber auch die von Marktforschungsorganisationen ermittelten Daten geben die Wachstumsprognosen über die RFID-Technologie wieder (vgl. Abb. 2.1) [57], [58], [59], [60], [61]. Die Marktforschungsorganisation IDTechEx ermittelt seit dem Jahr 2005 die Größe des Gesamtmarktes für RFID,

G. Tamm, C. Tribowski, *RFID*, Informatik im Fokus,
DOI 978-3-642-11460-1_2,

der sich aus den Umsätzen für RFID-Transponder, Lesegeräte sowie Software und Services für RFID-Chipkarten, -Labels, Schlüsselanhänger und andere Bauformen zusammensetzt. Die Prognosen für den Zeitpunkt in zehn Jahren liegen in etwa bei dem fünffachen Wert des weltweiten Gesamtmarktes. Die Bedeutung der RFID-Technologie wird weiter zunehmen.

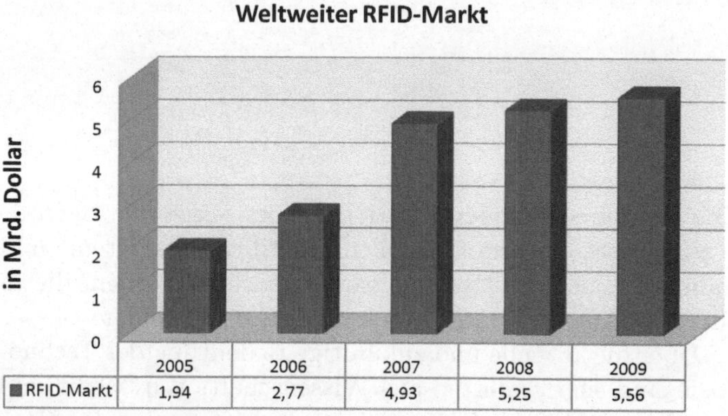

Weltweiter RFID-Markt

in Mrd. Dollar

	2005	2006	2007	2008	2009
RFID-Markt	1,94	2,77	4,93	5,25	5,56

Abb. 2.1 Entwicklung des RFID-Marktes von 2005 bis 2009

In diesem Kapitel werden die Grundlagen zur Nutzung der RFID-Technologie beschrieben. Zunächst wird nach einem kurzen Exkurs zur Entwicklung der RFID-Technologie auf die Hardware und Software eines RFID-Informationssystems eingegangen. Gerade bei RFID-Systemen spielen beide Komponenten, die RFID-Infrastruktur und die verarbeitenden Softwaresysteme, eine wesentliche Rolle.

Das anschließende Kapitel widmet sich mit dem EPCglobal-Netzwerk einer Softwarearchitektur, die von einem internationalen Industrie- und Forschungskonsortium entwickelt wird, um die Vision eines „Internet der Dinge“, in dem mit RFID-Transpondern ausgestattete Alltagsobjekte über das Internet kommunizieren können, umzusetzen.

Das EPCglobal-Netzwerk stellt allerdings nur die Basisfunktionalitäten für das Erfassen, Speichern, Finden und Abrufen von RFID-Daten zur Verfügung. Diese Funktionen sollen von diversen Softwaresystemen zu unterschiedlichsten Zwecken eingesetzt werden.

Um trotz dieser diversen Anwendungsbereiche die RFID-Technologie unternehmensübergreifend, länderübergreifend und branchenunabhängig einsetzen zu können, spielt Standardisierung eine wichtige Rolle, der ein Kapitel gewidmet wird, bevor abschließend die Stärken, Schwächen, Chancen und Risiken aus Sicht von Unternehmen und des Staates diskutiert werden.

2.1 Historie der RFID-Technologie

Die Wurzeln der RFID-Technologien gehen in die 1940er Jahre zurück. Während des Zweiten Weltkriegs gelang der Radartechnik zur Ortung von Flugzeugen und bevorstehender Angriffe der Durchbruch. Ein Problem bestand allerdings darin, die eigenen Flugzeuge von den feindlichen zu unterscheiden.

Die Deutschen fanden heraus, dass ein rollendes Flugzeug die Signale anders reflektierte und somit von den feindlichen Flugzeugen zu unterscheiden war, welches als das erste passive RFID-System bezeichnet werden kann [97]. Im Gegenzug entwickelten die Briten das erste aktive System zur Freund-Feind-Erkennung, indem Transmitter in den alliierten Flugzeugen installiert wurden, die bei Empfang eines Signals von der Bodenstation ein Signal aktiv zurücksendeten.

In den 1950er und 1960er Jahren wurde mit der elektronischen Diebstahlsicherung die erste kommerzielle RFID-Anwendung entwickelt, die auf die Erfindung der integrierten Schaltkreise 1958 zurückgeht [62]. Die Transponder speichern 1 Bit, welches die Information codiert, ob ein Produkt bezahlt wurde oder nicht.

In den 1970er Jahren wurden dann Patente für aktive RFID-Transponder mit einem wiederbeschreibbaren Speicherbereich erteilt sowie für einen passiven Transponder zum Öffnen von Türen, der mit einem Lesegerät neben der Tür kommuniziert. Darüber hinaus wurde RFID in der Landwirtschaft zur Tierkennzeichnung eingesetzt, bevor dann in den 1980er Jahren der Durchbruch von RFID-Systemen kam [98]. Die Technologie war weit genug fortgeschritten, um kommerzielle Anwendungen für kontaktlose Zugangssysteme, Mautsysteme und die Markierung von Tieren zu ermöglichen.

Doch erst in den 1990er Jahren standen dann preiswerte Realisierungen für Massenapplikationen wie Skipässe, elektronische Wegfahrsperren und Artikel-Diebstahlsicherungen sowie RFID-Transponder in Form von elektronischen Etiketten, die beispielsweise in Bibliotheken eingesetzt werden konnten, zur Verfügung [82].

Im Jahr 1999 wurde am Massachusetts Institute of Technology (MIT) das Auto-ID Center gegründet mit der Absicht, Alltagsgegenstände mit RFID-Technologie eindeutig zu identifizieren und somit IT-Systeme in die Lage zu versetzen, ohne menschliches Zutun mit der realen Welt zu interagieren [34]. Aus dieser Initiative heraus, welcher sich andere Forschungsinstitutionen und Unternehmen anschlossen, entstand der elektronische Produktcode, der die Produktidentifikation mittels Barcode um eine eindeutige Seriennummer erweitert.

2.2 RFID-Infrastruktur und grundlegende Funktionsweise

Jedes RFID-System besteht grundsätzlich aus RFID-Transpondern, RFID-Lesegeräten und Informationssystemen, die das Auslesen und Beschreiben der Transponder steuern sowie die RFID-Daten verarbeiten.

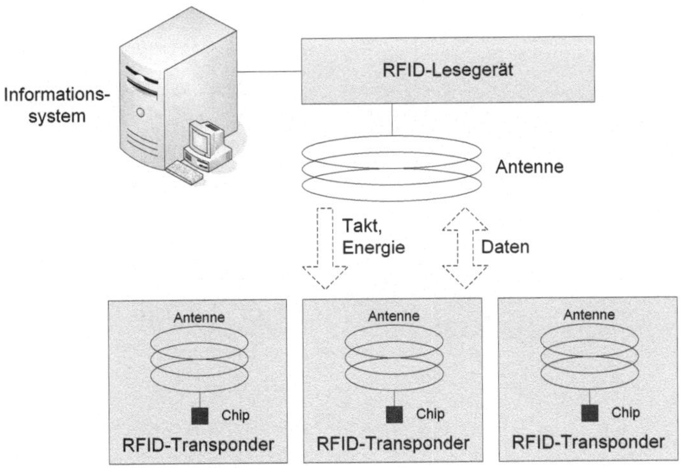

Abb. 2.2 Bestandteile eines RFID-Systems

Ein passiver RFID-Transponder besteht aus einem Microchip und einer Antenne bzw. Antennenspule (vgl. Abb. 2.2). Kommt der RFID-Transponder in die Reichweite des Sendefelds eines RFID-Lesegeräts, wird der Transponder aktiviert, indem ihm die für den Betrieb benötigte Energie, Daten und der Takt übermittelt werden. Der RFID-Transponder sendet seine Antwortdaten an das Lesegerät zurück, welches diese dem Informationssystem ggf. nach einer Bearbeitung zur Verfügung stellt.

2.2.1 RFID-Transponder

RFID-Transponder existieren in verschiedensten Bauformen und technischen Varianten. Das Industriekonsortium EPCglobal hat für die Kriterien der Energieversorgung und Beschreibbarkeit eine Aufteilung von RFID-Transpondern in fünf Klassen vorgeschlagen [138].

Die ersten drei Klassen gehören zu den passiven Transpondern, die über keine eigene Energieversorgung verfügen. Die Energie für den Betrieb des Transponders muss dem Feld des Lesegeräts entnommen werden. Innerhalb dieser Kategorie werden nach der Beschreibbarkeit noch einmal drei Klassen unterschieden. In der Klasse 0 wird die Seriennummer bereits zum Zeitpunkt der Herstellung auf den Chip aufgebracht und kann danach nicht mehr geändert, sondern nur noch gelesen werden. Transponder der Klasse 1 können einmalig beschrieben werden, sodass die Vergabe der Seriennummer nach der Herstellung des Transponders stattfinden kann. Transponder der Klasse 2 sind wiederbeschreibbar – die Seriennummer oder auch benutzerdefinierte Daten können also mittels des Lesegeräts auf dem Transponder gespeichert werden.

Die Klasse 3 zeichnet sich durch eine andere Energieversorgung aus. Diese semi-aktiven RFID-Transponder haben eine interne Batterie, mit der sie ihren Mikrochip versorgen. Zum Senden der Daten benutzen sie aber nach wie vor die Energie des Lesegerätfelds.

Aktive Transponder nutzen ihre eigene Energieversorgung sowohl zum Betrieb des Chips, als auch zum Senden der Daten. Derartige Transponder werden noch dahingehend unterschieden, ob sie auch mit passiven Transpondern kommunizieren können (Klasse 5) oder nicht (Klasse 4). Da diese Transponder zur Datenübertragung nicht das Feld des Lesegeräts beeinflussen, sondern selbst ein hochfrequentes elektromagnetisches Feld aussenden, handelt es sich bei diesen Transpondern aus technischer Sicht nicht um „echte" RFID-Transponder, sondern um Telemetriesender [32].

Die Bauform der RFID-Transponder hängt stark von ihrem Einsatzzweck ab [32]. Zur Identifizierung von Tieren werden Transponder in kleinen Glasröhrchen unter die Haut der Tiere injiziert. Transponder in Plastikgehäusen sind besonders gut für Anwendungen mit hohen mechanischen Anforderungen geeignet. Für Zugangssysteme können Transponder in Schlüssel, Schlüsselanhänger oder Uhren integriert werden. RFID-Transponder können auch für kontaktlose Chipkarten und so beispielsweise für Zahlungsvorgänge genutzt werden. Dünne Transponder auf Selbstklebeetiketten, die meist auf einer Endlosrolle geliefert werden und vor dem Aufbringen auf das Objekt noch bedruckt werden können, werden als Smart Label bezeichnet. Weitere Bauformen sind Disks (Münzen) mit einer Bohrung zur Aufnahme einer Befestigungsschraube sowie Transponder, bei denen die Spule direkt auf dem Chip integriert ist.

Die Kosten eines RFID-Transponders setzen sich u. a. aus den Herstellungskosten für den Mikrochip und die Spule bzw. Antenne, aus den Kosten für das Zusammensetzen der Spule bzw. Antenne und des Mikrochips sowie aus den Kosten für das Aufbringen des RFID-Transponders zusammen [75].

Die Marktforschungsorganisation IDTechEx kalkulierte den Durchschnittspreis für RFID-Transponder im Jahr 2008 mit 0,77 Euro. Es wird prognostiziert, dass der Durchschnittspreis bis zum Jahr 2014 aufgrund der vermehrten Verwendung von vergleichsweise günstigeren Smart Labels auf 0,15 Euro sinken wird [61]. Neben der Bauform ist der Preis von RFID-Transpondern auch von der Anzahl der bestellten Transponder abhängig.

Es wird erwartet, dass die Preise für RFID-Transponder in den kommenden Jahren aufgrund von Massenproduktion und anderen Herstellungsverfahren weiter sinken werden. Allerdings gehen Studien davon aus, dass der Preis für einen einfachen passiven RFID-Transponder bis zum Jahr 2012 nicht unter die Grenze von 0,05 Euro fällt [55].

2.2.2 RFID-Lesegeräte

Die Aufgaben eines RFID-Lesegeräts liegen darin, die Kommunikation zu den angeschlossenen Informationssystemen zu gewährleisten bzw. die empfangenen Steuerbefehle auszuführen, die Verbindung zu den Transpondern herzustellen, die Antikollision und Authentifizierung zu gewährleisten, Daten vom Transponder auszulesen und zu schreiben oder auch einen Kill-Befehl auszuführen und den RFID-Transponder damit zu deaktivieren.

Der Begriff „Lesegerät“ ist dabei die allgemein übliche Bezeichnung – unabhängig davon, ob das Gerät nur zum Lesen oder auch zum Beschreiben der RFID-Transponder eingesetzt wird.

Bei RFID-Lesegeräten macht zumeist die Größe und Form der Antenne die Bauform aus [75]. Wenn die Antenne und das Lesegerät in einem Gehäuse integriert sind, welches ein handlich leicht zu bedienendes Auslesen von RFID-Transpondern ermöglicht, wird von einem mobilen Lesegerät oder Handheld gesprochen. Bei stationären Lesegeräten sind die Antennen räumlich vom Lesegerät getrennt. Es können auch mehrere Antennen an ein Lesegerät angeschlossen werden, um beispielsweise die Reichweite des Lesefelds zu erhöhen [138]. Ein typischer Einsatzbereich von stationären Lesegeräten sind RFID-Tore.

Die Kosten für RFID-Lesegeräte variieren ebenso stark wie die der RFID-Transponder. Für einfache Lesegeräte können Kosten von 100 bis 1.000 Euro angenommen werden [123]. RFID-Tore mit einem Gerüst, mehreren Antennen, Schutzvorrichtungen und Verkabelung liegen dann preislich entsprechend höher.

2.2.3 Funktionsweise und Auswahlkriterien

Die physikalischen Grundlagen von RFID-Systemen sollen an dieser Stelle nicht vertieft werden, diese finden sich in der Literatur [32]. Einige Aspekte zur Auswahl der RFID-Systeme und wie diese die Funktionsweise beeinflussen sollen aber doch erwähnt werden [32], [86].

Im Einzelnen betrifft dies die Betriebsfrequenz und die damit verbundene Reichweite. RFID-Systeme mit einer geringen Reichweite bis ca. 1 cm werden als Close-coupling-Systeme bezeichnet, bis ca. 1 m als Remote-coupling-Systeme und über 1 m als Long-range-Systeme.

RFID-Anwendungen im Niederfrequenzbereich (LF) arbeiten am häufigsten mit einer Betriebsfrequenz im Bereich zwischen 125 und 135 kHz. Da die Übertragung in diesem Bereich unempfindlich gegen Metall und Feuchtigkeit ist, eignet sie sich also zur Identifizierung von Objekten mit hohem Wasseranteil (beispielsweise bei der Tieridentifikation). Die typischen Reichweiten von ca. 50 cm eignen sich weiterhin für Anwendungen wie Zugangskontrollen und Wegfahrsperren.

Für RFID-Anwendungen im Hochfrequenzbereich (HF) sind vier Frequenzen freigegeben: 6,78 MHz, 13,56 MHz, 27,125 MHz und 40,680 MHz. Typische Anwendungen sind vor allem Zugangskontrollen, Zeiterfassung, Ticketing und Diebstahlschutz (beispielsweise in Bibliotheken).

Im Bereich von 300 MHz – 3 GHz (UHF-Bereich) sind für RFID-Anwendungen die Frequenzen 433,920 MHz, 865 MHz, 915 MHz (USA) und 2,45 GHz reserviert. Die Anwendungen liegen hauptsächlich im Bereich Logistik bei der Lagerwirtschaft, Warenverfolgung und Distribution. Erzielbare Reichweiten liegen im Bereich von ca. 5 m.

Im SHF-Band (Super High Frequency) mit Frequenzen über 3 GHz sind zwei Bänder für RFID-Anwendungen reserviert. Diese liegen im Bereich 5,8 GHz und 24,125 GHz. Die Reichweiten von ca. 10 m eignen sich vor allem für Anwendungen der Mauterhebung oder Containerlogistik.

2.3 Informationstechnischer Aufbau

Die Hauptaufgabe eines RFID-Systems besteht darin, die ausgelesenen Objektdaten bedarfsgerecht aufzubereiten und an die angeschlossenen Softwaresysteme weiterzuleiten [84]. Für die Aufbereitung der rohen Lesedaten wird eine RFID-Middleware eingesetzt, deren Funktionsumfang im nächsten Abschnitt vertieft wird.

Eine grundsätzliche Fragestellung bei RFID-Systemen ist, ob nur eine Identifikationsnummer oder weitere benutzerdefinierte Daten auf dem RFID-Transponder gespeichert werden sollen. Den Vor- und Nachteilen dieser Ansätze widmet sich der darauffolgende Abschnitt, bevor weitere Herausforderungen beim Datenmanagement in RFID-Systemen diskutiert werden. Abschließend wird die Integration von RFID-Daten in den unternehmensübergreifenden elektronischen Datenaustausch thematisiert.

2.3.1 RFID-Middleware

Eine RFID-Middleware ist eine Softwarekomponente zur Aufbereitung und Bereitstellung von RFID-Daten, die die Integration der RFID-Lesegeräte bzw. allgemein der Infrastruktur zu den betrieblichen Anwendungssystemen gewährleistet [121]. Einer der Gründe für die Notwendigkeit einer RFID-Middleware liegt an der potenziell durch RFID erzeugten Datenmenge. Es wird geschätzt, dass bei einem Einsatz von RFID auf Produktebene beim US-amerikanischen Einzelhandelskonzern Wal-Mart täglich 9 Terabyte, also 9.000 Gigabyte an ungefilterten RFID-Daten erzeugt würden [107].

Vor diesem Hintergrund liegen die Hauptaufgaben einer RFID-Middleware in der Bereinigung, Aggregation und Transformation von RFID-Daten [117]. Die Bereinigung ist notwendig, da die empfangenen Daten redundant bzw. fehlerhaft sein können. Redundanz entsteht, wenn RFID-Transponder in einem Zeitfenster bzw. von verschiedenen Antennen mehrfach erfasst werden. Fehler entstehen, wenn

RFID-Transponder im beabsichtigten Lesefeld nicht erkannt oder RFID-Transponder außerhalb des beabsichtigten Lesefelds fälschlicherweise erfasst werden (beispielsweise aufgrund von Reflexionen). Für die Bereinigung von RFID-Daten existiert eine Reihe von Mechanismen [2], [65], [139], die auch von den Softwareherstellern von RFID-Middleware umgesetzt werden [77].

Bei der Filterung und Aggregation von RFID-Daten wird Kontextwissen eingesetzt, um RFID-Einzelinformation zusammenzufassen. Wird beispielsweise kontinuierlich der Inhalt eines Regals mit einem RFID-Lesegerät überwacht, dann müssen nicht bei jeder Lesung alle erfassten Objekte übermittelt werden. In dieser Situation reicht es aus, den Zu- und Abgang von Objekten im Regal zu übertragen.

Die Transformation der RFID-Daten bezieht sich sowohl auf Datenformate, also auf die syntaktische Ebene, als auch auf die semantische Ebene. Sofern das RFID-Lesegerät die Umwandlung nicht selbst vornimmt, ist die RFID-Middleware zuständig, die gelesenen binären Daten in ein Textformat wie beispielsweise XML zu transformieren. Der Inhalt der gelesenen Daten wird dabei nicht verändert. Bei der semantischen Transformation werden hingegen Informationen weggelassen oder ergänzt, beispielsweise die Auftragsnummer, zu der die erfassten Objekte gehörten.

Eine weitere Aufgabe der RFID-Middleware liegt darin, die Verwaltung der RFID-Lesegräte zu erleichtern. Durch Abstraktion von den technischen Details wird für Benutzer sowie Anwender die nicht benötigte Komplexität reduziert. Des Weiteren wird Offenheit bezüglich des Hinzufügens neuer RFID-Lesegeräte gewährleistet und Skalierbarkeit geboten, damit auch wachsende Systeme leistungsfähig bleiben [101].

2.3.2 Datenspeicherungskonzepte

Für die Speicherung von RFID-Daten existieren zwei grundsätzlich verschiedene Ansätze. In dem ersten Fall wird auf dem RFID-Transponder (Tag) nur eine Identifikationsnummer gespeichert. Alle objektbezogenen Daten werden auf einer zentralen oder auf verteilten Datenbanken gehalten. Über die ID, z. B. dem elektronischen Produktcode (EPC), kann dann auf die Daten über ein lokales oder weltweites Netzwerk zugriffen werden. Dieser Ansatz wird *Data-on-Network* genannt.

Im entgegengesetzten Fall werden nicht nur eine ID, sondern auch alle objektbezogenen Daten direkt auf dem RFID-Tag gespeichert. Dieser Ansatz wird als *Data-on-Tag* bezeichnet. Neben diesen reinen Formen existieren auch hybride Datenhaltungskonzepte, die eine Mischung aus den beiden genannten Konzepten darstellen [15].

Die beiden Ansätze unterscheiden sich hinsichtlich verschiedener Kriterien. In Abschnitt 2.2.1 wurden fünf Transponderklassen voneinander abgegrenzt. Da im Ansatz Data-on-Network ausschließlich eine ID auf dem Transponder gespeichert wird, können Transponder der Klassen 0 und 1 eingesetzt werden. Zwar sind diese wiederbeschreibbar und haben eine sehr begrenzte Speicherkapazität, zeichnen sich aber durch günstige Anschaffungskosten aus. Für den Ansatz Data-on-Tag steigen die Kosten der Transponder, da der Speicherbedarf größer ist. Hier können passive und aktive Transponder der Klassen 2 bis 5 eingesetzt werden.

Im vorherigen Abschnitt wurde die Skalierbarkeit von RFID-Systemen vor dem Hintergrund, dass durch den Einsatz von RFID große Datenmengen erzeugt werden, die von den angeschlossenen Informationssystemen verarbeitet werden müssen, diskutiert. Im Vergleich der beiden Ansätze skaliert Data-on-Tag deutlich besser, da die Daten dezentral auf den Transpondern gehalten werden, anstatt auf einer zentralen bzw. einigen wenigen verteilten Datenbanken.

In Bezug auf Datensicherheit findet für den Ansatz Data-on-Network die Sicherung durch eine Zugriffskontrolle auf der Datenbank statt. Der Abruf der objektbezogenen Daten ist bei Netzwerkzugang und den erforderlichen Rechten jederzeit möglich. Beim Data-on-Tag-Ansatz kann hingegen nur auf die objektbezogenen Daten zugegriffen werden, wenn zum Zeitpunkt des Auslesens der physische Zugriff auf das Objekt gegeben ist. Mit einer Verschlüsselung können die Daten gegen unbefugtes Auslesen geschützt werden. Wenn die objektbezogenen Daten nicht zentral gespeichert werden, verbessert dies den Datenschutz für Verbraucher, da die dezentrale Speicherung die Verknüpfung, Auswertung und Verbreitung der Daten stark erschwert [136].

Für eine unternehmensübergreifende Nutzung der RFID-Technologie spielt Standardisierung eine wichtige Rolle. Die Standardisierung für den Ansatz Data-on-Network ist vergleichsweise einfach, da ausschließlich eine Identifikationsnummer standardisiert werden muss. Dies wurde mit dem elektronischen Produktcode auf Basis weit verbreiteter ID-Systeme getan und findet auch in der Praxis Anwendung. Für die Standardisierung der Datenspeicherung auf dem RFID-Transponder gibt es allenfalls erste Vorschläge [127] oder auf spezielle Branchen und Anwendungsfälle zugeschnittene Standards, wie die Nutzung von RFID im Behältermanagement der Automobilindustrie durch den Standard VDA 5501 [130].

Die Voraussetzung zur Nutzung von RFID-Systemen gemäß des Ansatzes Data-on-Network ist ein Netzwerkzugang. In speziellen Situationen kann sich daher der Einsatz von Data-on-Tag besonders anbieten. Dies ist der Fall, wenn die Information im Prozessverlauf sehr zeitnah zur Verfügung stehen muss und nicht erst aus Netzwerkdatenbanken abgerufen werden kann sowie wenn die Prozessausführung hochgradig von der Information abhängt und die Systemverfügbarkeit nicht gegeben ist. Die Datenspeicherung auf den Transpondern entkoppelt die Prozesse von zentralen Systemkomponenten und kann somit die Zuverlässigkeit des Gesamtsystems erhöhen [47].

RFID-Technologie kann in diversen Anwendungsgebieten zu verschiedenen Zwecken eingesetzt werden. Prinzipiell erleichtert sie im Vergleich zum Barcode die automatische Identifikation dadurch, dass die ID von Transpondern ohne Sichtkontakt ausgelesen werden kann. In vielen Fällen substituiert RFID daher die Identifikation mit dem Barcode [15]. Datenspeicherung auf dem Transponder wird darüber hinaus speziell für folgende Verwendungszwecke eingesetzt [83]: der Information, wenn zusätzliche Daten wichtige Attribute des Objekts beschreiben; der Dokumentation, wenn zusätzliche Daten am Transponder der Dokumentation von am Objekt ausgeführten Tätigkeiten (z. B. Wartungsarbeiten) dienen; der temporären Speicherung, wenn integrierte Sensoren Umgebungsparameter aufzeichnen; sowie der Steuerung, wenn auf den RFID-Transpondern Geschäftslogik ausgeführt wird.

2.3.3 Herausforderung Datenmanagement

Die Besonderheit der großen Datenmenge wurde bereits als eine Ursache für den Bedarf einer RFID-Middleware genannt. RFID-Anwendungen zeichnen sich zusätzlich noch dadurch aus, dass die Leseereignisse kontinuierlich empfangen und verarbeitet werden müssen [93]. Traditionelle Methoden der Datenverarbeitung stoßen bei derartigen Datenströmen an ihre Grenzen.

Eine Technologie, die eine leichtere Skalierbarkeit der Systeme verspricht, ist Peer-to-Peer (P2P). Der Einsatz von P2P-Technik wird dabei sowohl auf den eher hardwarenahen Schichten (also beispielsweise bei der Filterung von RFID-Daten) [94], als auch für das Auffinden von RFID-Daten in weltweiten Netzwerken [29] untersucht.

Die RFID-Middleware dient der Entkopplung von RFID-Lesegeräten und betrieblichen Anwendungssystemen. Doch selbst eine RFID-Middleware kann bei der Anbindung von vielen Lesegeräten an ihre Grenzen stoßen. Um eine Lastverteilung der eintreffenden Datenströme zu gewährleisten, wird ein verteiltes ALE vorgeschlagen [78]. ALE (Application Level Events) ist ein Standard zur Anbindung von RFID-Lesegeräten an die RFID-Middleware (siehe Abschnitt 2.4).

Die Leseereignisse, die von der RFID-Middleware verarbeitet werden, beziehen sich meist auf die grundlegenden Informationen, *welche* RFID-Transponder zu *welcher* Zeit an *welchem* RFID-Lesegerät erfasst wurden. Diese einfach strukturierten Ereignisse können bereits als Auslöser für Geschäftsvorgänge verwendet werden, z. B. um eine Wareneingangsbestätigung zu versenden. Komplexere Informationen lassen sich allerdings aus diesen Leseereignissen nicht direkt ableiten. Soll RFID-Technologie zur Entdeckung von Produktpiraterie eingesetzt werden, dann kann nur aus den zusammengesetzten Leseereignissen, dass innerhalb eines gewissen Zeitraums eine Identifikationsnummer an räumlich entfernten Orten erfasst wurde, auf eine Kopie eines RFID-Transponders geschlossen werden. Die Methodik, derartig komplexe Ereignisse zu erkennen und zu verarbeiten, wird unter dem Begriff *Complex Event Processing* (CEP) diskutiert [66], [73], [133].

2.3.4 Elektronischer Datenaustausch

Eine der Herausforderungen bei der Einführung von RFID-Systemen ist die Integration in die betrieblichen Informationssysteme. Wird RFID-Technologie in der Wertschöpfungskette eingesetzt, entsteht der Integrationsbedarf von RFID in den bestehenden elektronischen Datenaustausch (EDI). Teilweise wird EDI auch als Voraussetzung für eine unternehmensübergreifende RFID-Einführung verlangt, wie es Erfahrungen aus dem Einzelhandel zeigen [52], [85].

Als EDI wird der Austausch von Handelsdaten zwischen Geschäftspartnern mit Hilfe elektronischer Datenübertragung bezeichnet und umfasst in der Regel standardisierte Routinevorgänge wie Bestellungen, Rechnungen, Lieferankündigungen etc. [108]. Der mit Abstand am häufigsten eingesetzte Standard in Deutschland ist dabei EDIFACT im Subset EANCOM [96].

GS1 Germany (als Standardisierungsorganisation zuständig für EDIFACT sowie für den EPC) hat eine Anwendungsempfehlung für die Weitergabe des elektronischen

Produktcodes in der Lieferankündigung herausgegeben [74]. Werden RFID-Transponder mit einem EPC auf der Ebene von logistischen Einheiten (z. B. Paletten) eingesetzt, die eine eindeutige Nummer der Versandeinheit (NVE) kodiert haben, gestaltet sich der Prozess wie folgt: Auf Grundlage einer Bestellung stellt der Lieferant eine Lieferung zusammen und vergibt für die Paletten die eindeutigen Nummern (NVE). In einer Lieferankündigung (DESADV) werden diese Nummern an den Kunden gesendet. Erreichen die Paletten den Wareneingang des Kunden, werden die von den RFID-Lesegeräten erfassten NVE, die im EPC kodiert sind, mit der Lieferankündigung abgeglichen und können auf Vollständigkeit überprüft werden.

2.4 EPCglobal-Netzwerk

Der zentrale Akteur bei der Standardisierung von Komponenten für den unternehmensübergreifenden Austausch von RFID-Daten ist das internationale Industriekonsortium EPCglobal (s. Kapitel 5). Dies betrifft sowohl die hardwarenahen Standards zur Kommunikation von RFID-Transpondern und Lesegeräten als auch die Informationsarchitektur für das Internet der Dinge [34].

Historisch gesehen begann die Entwicklung der EPC-Standards bereits im Jahr 1999 mit der Gründung des Auto-ID Centers am Massachusetts Institute of Technology [122]. Im Laufe der Zeit beteiligten sich weitere Universitäten, aber auch Technologiehersteller und -anwender als Industriepartner an der Entwicklung. Planmäßig wurden die erzielten Forschungsergebnisse im Oktober 2003 an das neu gegründete Industriekonsortium EPCglobal übergeben, das die Umsetzung der Standards leiten sollte, während die Forschungseinrichtung unter dem Namen Auto-ID Labs weitere Forschungsarbeit leistet.

Im Rahmenwerk zur Architektur des EPCglobal-Netzwerks [25] werden alle Komponenten spezifiziert, die benötigt werden um

- die Identifizierung,
- das Erfassen,
- das Speichern,
- das Abfragen,
- das Auffinden
- und das Austauschen

von RFID-Daten zu ermöglichen. Dabei wird grundsätzlich nicht die Systemarchitektur standardisiert, sondern die Schnittstellen zwischen den Hard- und Softwarekomponenten, die die Unternehmen umsetzen wollen. Eine Übersicht über diese Schnittstellen sowie die Rollen der Hard- und Softwarekomponenten gibt Abb. 2.3. Die Komponenten werden als Rollen bezeichnet, da es nicht für jede Komponente ein entsprechendes Anwendungssystem geben muss. Sollte ein Anwendungssystem sowohl für die Erfassung als auch für das Speichern von RFID-Ereignissen zuständig sein, dann nimmt diese Anwendung zwei Rollen ein.

Der Vorteil dieser ausschließlichen Standardisierung von Schnittstellen ermöglicht es, abgegrenzte und zugeschnittene Softwarepakete zu erstellen – insbesondere kleineren Softwareanbietern. Diese Lösungen können im Rahmen eines Zertifizierungsprogramms von EPCglobal zertifiziert werden. So existieren beispielsweise zum Stand vom September 2009 15 Lösungen, die den Standard „EPC Information Services“ (EPCIS) umsetzen.

Die fortschreitende Entwicklung des EPCglobal-Netzwerks lässt sich auch gut an den Veröffentlichungen zu diesem Thema ausmachen. Frühe Publikationen, beispielsweise Floerkemeier [34], beschreiben als RFID-Middleware noch den sogenannten *Savant*. Seine Entwicklung wurde spätestens seit 2005 nicht mehr weiter verfolgt und ist in einen anderen Standard eingeflossen. Als Auffindungsdienste werden zwar der Objektnamensdienst zur Findung der Herstellerinformationen, nicht jedoch der Entdeckungsdienst zur Findung von Objektinformationen in der ganzen Wertschöpfungskette beschrieben. Ein aktuelles Beispiel für eine Veröffentlichung [119] aus dem Umfeld des EPCglobal-Netzwerks umfasst einerseits den technischen Stand der Spezifikationen aus dem Jahr 2009. Darüber hinaus wird auch die Umsetzung des EPCglobal-Netzwerks in fünf Fallstudien beschrieben, die im Rahmen des von der Europäischen Union geförderten Projekts Bridge (Building Radio Frequency IDentification for the Global Environment) durchgeführt wurden (s. Kapitel 5).

Für das Auslesen und Schreiben von Daten auf dem RFID-Transponder wurde durch EPCglobal die Luftschnittstelle spezifiziert [21]. Diese Luftschnittstelle ist in erster Linie für die Hardware-Hersteller relevant, die EPCglobal-konforme Lesegeräte und Transponder vertreiben. Die Kommunikation zwischen den Lesegeräten und der RFID-Middleware wird durch die RFID-Lesegerät-Schnittstelle spezifiziert [19]. Die Schnittstelle für RFID-Ereignisse auf Anwendungsebene [24] wird zwischen der RFID-Middleware und der Anwendung zur Erfassung von RFID-Daten genutzt. Dafür werden diverse Parameter definiert: der Auslöser einer RFID-Lesung (z. B. das Signal einer Lichtschranke), die zeitliche Befristung des Lesevorgangs oder das Stoppen durch ein anderes Ereignis, die Entscheidung nur im Vergleich zur vorherigen Lesung neu hinzugekommenen RFID-Transponder zu übermitteln etc.

Die EPCIS-Erfassungsanwendung bekommt diese Daten als Input und besitzt das notwendige prozessspezifische Hintergrundwissen, um diese rohen RFID-Leseereignisse mit dem Kontext anzureichern, der für die Erstellung von EPCIS-Ereignissen notwendig ist. Die Funktionalität dieser Komponente kann je nach Anwendungsfall sehr unterschiedlich ausfallen. Wird beispielsweise in einem Supermarktregal einfach nur der aktuelle Bestand der Produkte benötigt, können die Leseereignisse fast ohne Veränderung abgespeichert werden. Wird – um ein Beispiel mit größerer Komplexität zu wählen – ein Karton mit Produkten am Warenausgang gelesen, dann sollte von der Erfassungsanwendung der dazugehörige Lieferschein als Transaktion assoziiert und automatisch auch die Vollständigkeit dieser Lieferung überprüft werden. Letztendlich werden alle EPCIS-Ereignisse im standardisierten Format in einer Datenbank – genannt EPCIS-Repository – abgespeichert [20].

Der Zugriff auf diese Datenbank wird diversen Anwendungssystemen (ERP, SCM, PPS etc.) mit Hilfe einer standardisierten Abfrageschnittstelle zugänglich gemacht. Da nicht nur unternehmenseigene Anwendungssysteme, sondern auch andere Unternehmen der Wertschöpfungskette und ggf. sogar der Endkunde auf diese Datenbasis zugreifen können sollen, wurden und werden Auffindungsdienste spezifiziert [22]. Der Unterschied zwischen dem bereits standardisierten Object Naming Service (ONS) und den sich noch in der Entwicklung befindenden Discovery Services ist, dass vom ONS jeweils nur das EPCIS-Repository des Produktherstellers gefunden werden kann, nicht aber alle Datenbanken, die Informationen zu dem betreffenden Objekt besitzen.

Im Folgenden werden die Spezifikationen des Elektronischen Produktcodes, der EPC-Informationsdienste und der EPC-Auffindungsdienste näher betrachtet.

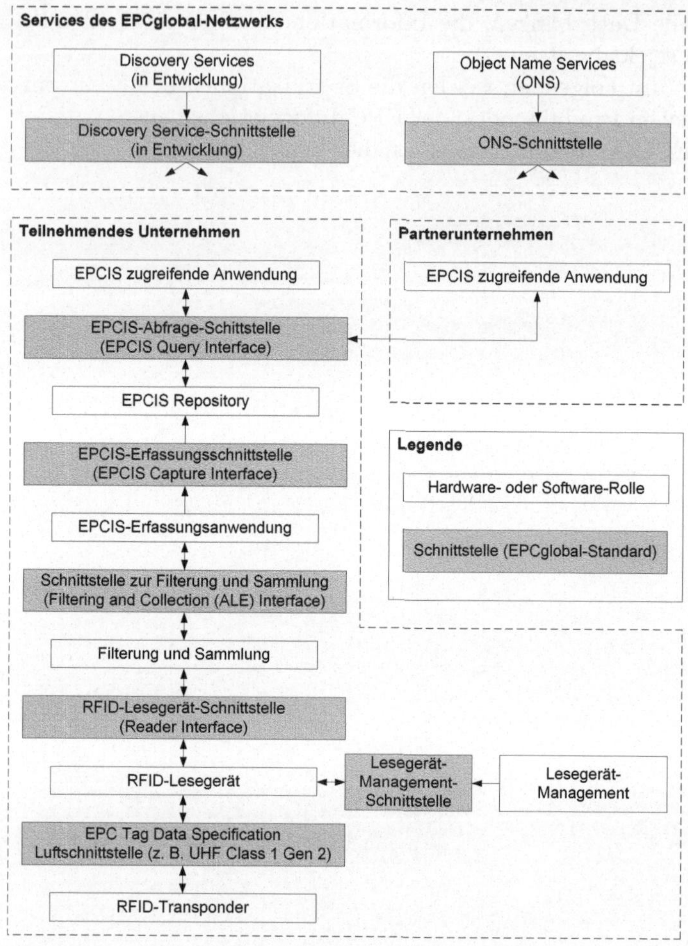

Abb. 2.3 Architektur des EPCglobal-Netzwerks

2.4.1 Elektronischer Produktcode (EPC)

Ein Ziel der RFID-Technologie liegt in der automatischen Identifizierung von Objekten. In dem Transponderdaten-Standard von EPCglobal [23] wird eine Reihe von Kodierungsvorgaben für bestehende Identifikationsnummern gegeben, welche die eindeutige Identifizierung von physischen Objekten ermöglichen. Bei diesen Objekten kann es sich um Produkte, um Versandeinheiten wie Pakete, um wiederverwendbare Verpackungen, um Transporthilfsmittel wie Container, aber auch um organisatorische sowie physische Geschäftseinheiten und Ortsangaben wie ein Wareneingangstor in einem Lager handeln. Die Kodierungen der EPCs wurden dabei bewusst abwärtskompatibel zu den korrespondierenden und bereits bestehenden Identifikationsnummern von GS1 erstellt. Diese können in Abhängigkeit davon, ob sie auf Ebene der Instanzen Eindeutigkeit aufweisen, grundsätzlich in zwei Gruppen aufgeteilt werden. Die Nummer der Versandeinheit (NVE) – engl. Serial Shipping Container Code (SSCC) – identifiziert beispielsweise bereits die einzelnen Instanzen. Daher konnte diese Identifikation direkt in den als EPC kodierten SSCC-96 überführt werden. Im Gegensatz dazu identifiziert die Global Trade Item Number (GTIN) – ehemals Europäische Artikelnummer (EAN) – nur eine bestimmte Produktklasse. Alle Produkte aus dieser Produktklasse tragen den gleichen Strichcode. Aus diesem Grund muss für die EPC-kodierte serialisierte GTIN (SGTIN-96) eine Seriennummer für jedes einzelne Produkt hinzugefügt werden. Einen Überblick über den Aufbau des EPC in der Kodierung eines SGTIN-96 gibt Abb. 2.4 zusammen mit einem Beispiel.

Header 8 Bits	Filter 3 Bits	Partition 3 Bits	Company Prefix 20-40 Bits	Object Class 4-24 Bits	Serial Number 38 Bits
00110000 "SGTIN-96"	001 "Retail"	101 "24:20 Bits"	Decimal: 200452	Decimal: 5742	Decimal: 5508265

Abb. 2.4 Aufbau und Beispiel für einen EPC

Die Produktklasse (Object Class) und Seriennummer (Serial Number) eines EPC werden jeweils von der Organisation vergeben, die bei EPCglobal registriert ist und der dadurch eine EPC-Mitgliedsnummer (Company Prefix) zugeteilt wurde. Einer RFID-Studie aus dem Jahr 2008 zufolge setzen derzeit 46% der befragten Handelsunternehmen eine Identifikationsnummer in Form des EPC ein [110]. Interessanterweise verwenden weitere 31% der Unternehmen zwar einen EPC-konformen, aber nicht lizensierten EPC. Auf diese Art und Weise sparen die Unternehmen die Mitgliedsgebühren bei EPCglobal, sind aber gleichzeitig darauf vorbereitet, sobald ein Geschäftspartner derartige Voraussetzungen stellt, den vollwertigen EPC einzusetzen. Von den restlichen Unternehmen setzen 8% auf einen sonstigen Standard und 15% auf eine Individuallösung.

2.4.2 EPC Information Services (EPCIS)

Die Spezifikation für die EPCIS-Informationsdienste umfasst die Definition der Schnittstellen zum Speichern und Abfragen von EPCIS-Ereignissen sowie das Datenmodell dieser EPCIS-Ereignisse (vgl. Abb. 2.5). Die Implementierung der zugehörigen Datenbank (EPCIS-Repository) ist nicht Teil des Standards. Analog zu den anderen Spezifikationen von EPCglobal können Softwareanbieter ihre Lösungen von EPCglobal standardisieren lassen. Das nach eigenen Angaben derzeit über 1000-mal heruntergeladene und meistbenutze EPCIS-Repository ist die ursprünglich unter dem Namen Accada entwickelte Software Fosstrak (Free and Open Source Software for Track and Trace) [35]. Seit März 2008 besitzt diese Lösung den Status einer EPCglobal-zertifizierten Software.

Alle Lesungen von RFID-Transpondern sollen (ggf. aggregiert) in Form von EPCIS-Ereignissen (engl. EPCIS Events) im EPCIS-Repository gespeichert werden. Einen Überblick über das Datenmodell der verschiedenen Ereignistypen gibt Abbildung 2.5. Objektereignisse bilden als allgemeinster Ereignistyp die Lesung bestimmter Objekte ab. Sind diese Objekte zwingend mit einer Transaktion verknüpft, dann handelt es sich um ein Transaktionsereignis. Eine Transaktion kann in diesem Zusammenhang beispielsweise ein Lieferschein, eine Bestellung, ein Produktions- oder ein Kommissionierauftrag sein. Bei einem Aggregationsereignis wird eine Liste von EPCs einer übergeordneten Einheit zugeordnet (z. B. Produkte einem Karton). Das Quantitätsereignis zählt die Instanzen einer bestimmten Produktklasse.

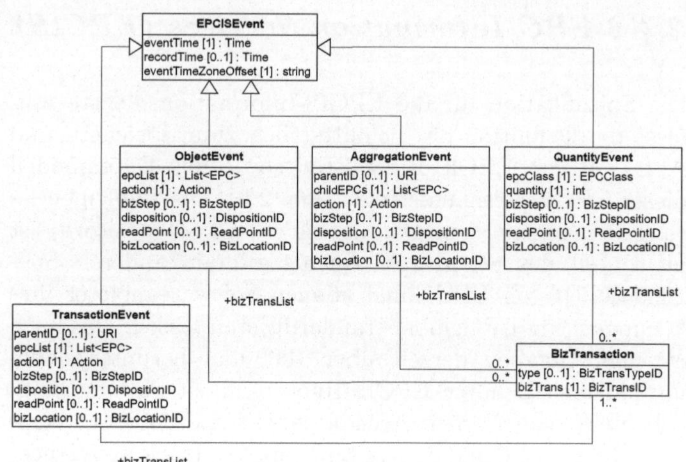

Abb. 2.5 Datenmodell der EPCIS-Ereignistypen

Jedes Ereignis enthält die Information *Was*, *Wann*, *Wo* und *Warum* in Bezug auf die Erfassung eines Transponders an einem Lesegerät geschehen ist.

- *Was*? Diese Dimension bezieht sich einerseits auf die gelesenen EPCs und andererseits auf die mit den EPCs assoziierten Transaktionen.
- *Wann*? Neben der Zeitzone sind der Zeitpunkt der Erfassung am RFID-Lesegerät sowie optional der Zeitpunkt der Abspeicherung des Ereignisses im EPCIS-Repository Inhalt der Zeitdimension.
- *Wo*? Die Ortsdimension wird mit dem Lesepunkt (also dem Ort der Erfassung) sowie der Geschäftslokation (an dem Ort, an dem sich das Objekt nach der Lesung befindet) definiert.

- *Warum?* Der Kontext der Lesung wird über den Prozessschritt (engl. Business Step) und den Dispositionsschritt (engl. Disposition) angegeben. Dabei beziehen sich der Prozessschritt auf den Kontext, in dem die Lesung stattgefunden hat, und der Dispositionsschritt auf den Kontext, in dem sich das Objekt nach der Lesung befindet.

Weitere Informationen zu den verschiedenen Ereignistypen finden sich u. a. in [56].

2.4.3 Auffindungsdienste (ONS und Discovery Services)

Um den weltweiten Zugang und Austausch von EPC-bezogenen Daten zu ermöglichen, wurde von EPCglobal die Funktionsweise eines Dienstes spezifiziert. Dieser liefert zu gegebenen EPCs die Adressen der zugehörigen EPCIS-Repositories, die Informationen über diesen EPC besitzen. Der Dienst, der das EPCIS-Repository des Produktherstellers findet, wurde im Objektnamesdienst (engl. Object Naming Service, ONS) standardisiert. Der Auffindungsdienst für alle EPCIS-Repositories, die Informationen über das Objekt beinhalten, befindet sich unter der Bezeichnung Discovery Services noch in der Entwicklung.

Die Dienste bauen auf dem aus dem Internet bekannten Domain Name Service (DNS) auf, der benutzt wird, um zu einem Domänennamen die dazugehörige IP-Adresse zu ermitteln.

Abbildung 2.6 beschreibt den zurzeit diskutierten Ablauf für die Auffindungsdienste [71]. Dieses Beispiel beschreibt die Situation, dass Organisation C als Informationsnachfrager Daten zu einem bestimmten EPC abfragen möchte, die Organisationen A und B in ihren EPCIS-Repositories gespeichert haben.

1. Der Prozess beginnt damit, dass Organisationen A und B während der Prozessabwicklung RFID-Leseereignisse erfassen und diese Informationen zu dem zugehörigen EPC in ihren EPCIS-Repositories speichern.
2. Jedesmal wenn ein neuer EPC im EPCIS-Repository gespeichert wird, wird dem Auffindungsservice bekannt gegeben, unter welcher Adresse des EPCIS-Repositories

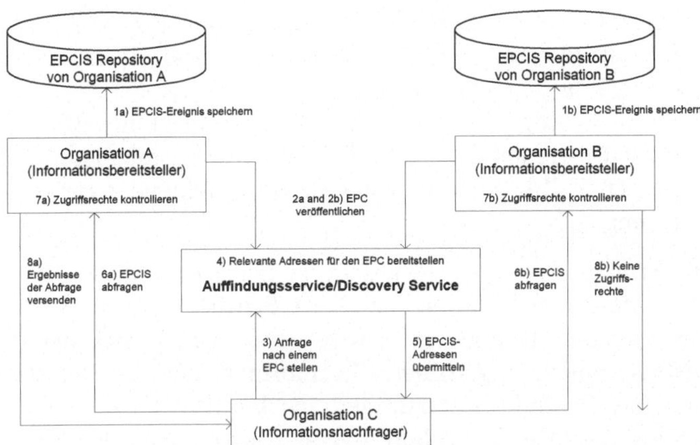

Abb. 2.6 Möglicher Ablauf der Benutzung der Auffindungsdienste

das Unternehmen Informationen über diesen EPC bereithält.

3. Organisation C möchte zu einem bestimmten EPC Informationen abrufen, kennt aber nicht die Adressen, an denen diese Informationen bereitgestellt wurden. Daher stellt es die Anfrage nach Ermittlung der Adressen an den Auffindungsservice.
4. Der Auffindungsservice ermittelt die bei ihm hinterlegten Adressen der EPCIS-Repsitories, in diesem Fall der Organisationen A und B.
5. Die ermittelten Adressen der EPCIS-Repositories werden der Organisation C übermittelt.
6. Mit dieser Information kann die Organisation C die Anfragen nach dem EPC direkt an die EPCIS-Repositories stellen.

7. Die informationsbereitstellenden Organisationen A und B kontrollieren, ob die Organisation C über die notwendigen Zugriffsrechte verfügt.
8. Sollte die Organisation C über die Berechtigung verfügen (Fall a), werden die gespeicherten EPCIS-Ereignisse versendet. Fall b beschreibt die Situation fehlender Berechtigung.

Die Standardisierung des Discovery Services in dieser oder einer ähnlichen Form ist der letzte Schritt zu einer Realisierung eines „Internet der Dinge". Der bislang vorliegende ONS ist nur dazu geeignet, die Informationen des Herstellers eines Produktes abzufragen. Doch selbst die Veröffentlichung des ONS hat schon diverse Diskussionen bezüglich der Sicherheit und Verfügbarkeit eines derartigen Dienstes hervorgerufen [31]. Ein Kritikpunkt an dem ONS ist, dass für die hierarchische Struktur zur Auffindung der Adressen, der Wurzelknoten im Auftrag von EPCglobal durch die US-amerikanische Firma VeriSign betrieben wird. Dies hat u. a. Frankreich dazu bewogen, ein paralleles System für den ONS aufzubauen, welches im Auftrag von GS1 France von der Firma Orange betrieben wird.

Lösungen für diese Situation könnte der Aufbau eines multipolaren ONS bieten [28], in dem die Kontrolle über die Wurzelknoten auf verschiedene unabhängige Teilnehmer aufgeteilt wird. Eine weitere alternative Architektur für das ONS könnte zudem noch auf Peer-to-Peer-Architekturen basieren [30]. Auch die deutsche Regierung beteiligt sich an der Diskussion um die Weiterentwicklung des „Internet der Dinge", dokumentiert z. B. durch den Leitfaden zu technischen, organisatorischen, rechtlichen und sicherheitsrelevanten Aspekten bei der Realisierung neuer RFID-gestützter Prozesse in Wirtschaft und Verwaltung [12].

2.5 Anwendungsbereiche

Die Anwendungsgebiete der RFID-Technologie sind sehr vielfältig und reichen vom Einsatz in der Logistik über Zugangskarten bis zur Zeitmessung von Teilnehmern bei Marathonläufen. Je nach Anwendungstyp unterscheiden sich auch die eingesetzte Technologie, die verfügbaren Standards, die verfolgten Ziele, der erwartete Nutzen etc. Aus diesem Grund wurde seitens der Europäischen Union die Initiative „Coordinating European Efforts for Promoting the European RFID Value Chain“ (CE RFID) ins Leben gerufen. Ein wichtiges Ergebnis stellt die Entwicklung eines RFID-Referenzmodells zur Klassifizierung von RFID-Anwendungen dar [38].

In dem Referenzmodell werden in den beiden Kategorien „Objektbezug“ und „Personenbezug“ acht Anwendungsgebiete der RFID-Technologie eingeteilt. Das Anwendungsfeld „Logistik“ umfasst alle Anwendungen zur Identifikation, Lokalisierung und Verfolgung von Produkten, Verpackungen, Ladungsträgern oder längerfristig eingesetzten Wirtschaftsgütern in logistischen Prozessen. Die Vorteile derartiger Anwendungen können grob in zwei Kategorien eingeteilt werden: in die physische Prozessoptimierung, die mit Einsparungen von Arbeitskraft und Zeit einhergeht, sowie Vorteile durch verbesserte Informationsqualität und Transparenz, die auch zur Umgestaltung von Prozessen führen können [119].

Innerhalb der Kategorie Logistik werden im Referenzmodell die Unterkategorien interne Logistik, geschlossene und offene Anwendungen, postalische Anwendungen, Gefahrgutlogistik und Produktionslogistik differenziert. Selbst in diesen Unterkategorien befindet sich noch eine Reihe verschiedenster Typen von Anwendungen, zu denen Analysen sowie Fallstudien über erfolgreiche Praxisbeispiele veröffentlicht wurden. Eine Sammlung derartiger Praxisbeispiele bietet die Internet-Plattform „RFID-Atlas“ (s. Kapitel 5).

Ausgewählte Anwendungsbeispiele in der Kategorie Logistik umfassen die Nutzung von RFID für die rückwärts gerichtete Logistik (Reverse Logistics) [124] oder für das Konzept der Transshipments [48]. Bei Transshipments werden kurzfristig Waren zwischen Geschäften verschickt, wenn unerwartete Angebots- und Nachfragesituationen auftreten. Insbesondere bei Zunahme der RFID-Nutzung auf Einzelteilebene wird der Wiederauffüllung von Regalen ein großes Potenzial für RFID-Technologie beigemessen [4].

Das zweite Anwendungsgebiet von RFID liegt in der Produktion, der Überwachung und der Wartung. Als Unterkategorien werden hier Archivierungssysteme, Asset Management und Facility Management, Automatisierung und Prozesskontrolle sowie Fahrzeuge, Flugzeuge, Nahrungsmittel und Konsumgüter genannt. Dem Einsatz von RFID-Technologie in der Produktion widmet sich beispielsweise das Buch „RFID in Manufacturing“ [47], welches auf Basis von sechs Fallstudien die Vorteile aufzeigt, Hinweise zur technischen Implementierung gibt und Ansätze zur Bestimmung von Kosten und Nutzen beschreibt.

Zur dritten Kategorie des Referenzmodells „Produktsicherheit, -qualität und -informationen“ wird der Einsatz von RFID-Technologie bei Konsumgütern und Elektroartikeln [87], Bekleidung [49], Nahrungsmittel [68], Arzneimitteln [70] und Kundeninformationssystemen [102] gezählt.

Die vierte Kategorie umfasst als erstes Anwendungsgebiet, im Gegensatz zum Objekttagging, den Personenbezug und beschreibt die Nutzung von RFID-Technologie bei Zugangskontrollen und bei der Verfolgung sowie Rückverfolgung (Tracking and Tracing) von Personen. Ein prominentes Beispiel ist der Einsatz von RFID-Transpondern auf den Eintrittskarten der Fußballweltmeisterschaft 2006 in Deutschland [100].

Eine weitere Kategorie umfasst mit RFID-Transpondern ausgestattete Chipkarten (wie z. B. Kundenkarten, Mitgliedsausweise, Bankkarten) und RFID-gestützte mobile Zahlungsfunktionen [50], die beispielsweise über Mobiltelefone im öffentlichen Nahverkehr genutzt werden können [91].

Der Anwendungsbereich der RFID-Technologie im Gesundheitswesen beinhaltet die Unterstützung von Menschen mit körperlicher Behinderung, das Krankenhausmanagement, Implantate und die Überwachung von Körperfunktionen.

In der Kategorie „Sport, Freizeit und Haushalt" werden Anwendungen zusammengefasst, in denen RFID in der Freizeit oder im heimischen Umfeld eingesetzt wird. Diese Anwendungen umfassen die Zeitmessung bei Sportveranstaltungen (wie z. B. beim Marathon), die Unterstützung von Schiedsrichterentscheidungen (z. B. Ball hinter der Torlinie), die Ausleihe von Autos, Videos oder Büchern [120] sowie Anwendungen im „intelligenten Haus" wie dem „intelligenten Kühlschrank" [105].

Die letzte Kategorie bilden alle RFID-Anwendungen, die zu öffentlichen Zwecken eingesetzt werden. Dies schließt insbesondere den Einsatz von RFID bei der Müllabfuhr [36], bei der Wartung des Kanalisationssystems [137], des Stromnetzes sowie anderen Versorgungseinrichtungen und Mautgebührensystemen [13], Geldscheinen [67], Personalausweisen [53], Reisepässen [3] und der elektronischen Gesundheitskarte [135] ein.

In einer Datenerhebung von April bis August 2007 wurden 493 RFID-Anwendungen, die entweder bereits realisiert oder deren Realisierung bis 2009 geplant war, den beschriebenen Kategorien des RFID-Referenzmodells zugeordnet [113].

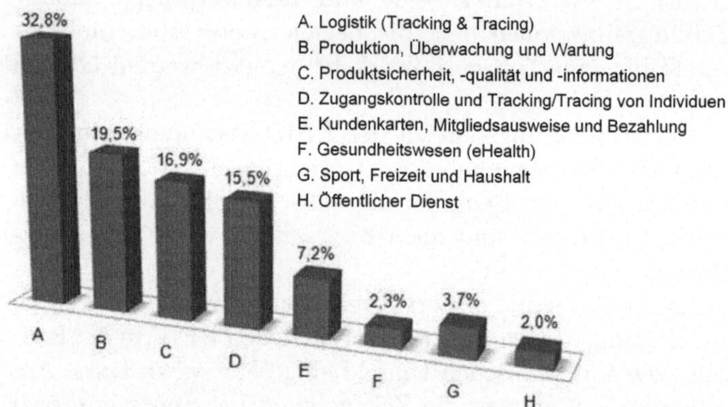

Abb. 2.7 RFID-Anwendungen kategorisiert im CE RFID-Referenzmodell basierend auf dem „RFID Report 2008“

Das Ergebnis dieser Studie in Abb. 2.7 zeigt, dass ca. ein Drittel aller RFID-Anwendungen der Kategorie „Logistik“ zuzuordnen ist und dass insgesamt fast drei Viertel der betrachteten Anwendungen zu der Kategorie gehören, in der Objekte ohne Referenzen zu Personen mit RFID-Transpondern ausgestattet werden.

2.6 Standards, Normen und Gesetze

Standardisierung im Umfeld von RFID-Technologie ist so vielseitig wie die Einsatzmöglichkeiten der Technologie. Unbestritten ist, dass die Standardisierung von Datenformaten, Luftschnittstellen und Kommunikationsprotokollen eine wesentliche Voraussetzung für die Schaffung eines für alle frei zugänglichen RFID-Marktes ist [11]. Hinzukommt, dass die RFID-Technologie noch einer schnellen Weiterentwicklung unterworfen ist und sich auch der Markt für RFID-Technik und Dienstleistungen noch stetig verändert. Durch den Einsatz von standardisierten RFID-Transpondern und RFID-Infrastruktur können Anwender die Abhängigkeit von einzelnen Anbietern reduzieren und die Versorgungssicherheit für RFID-Systemkomponenten langfristig gewährleisten [46]. Allgemein betrachtet verringern Standards den Koordinationsaufwand für die Gestaltung von Schnittstellen, ermöglichen dadurch die Erstellung komplexer Systeme und reduzieren für die Teilnehmer die Transaktionskosten.

Dabei treten Standards in verschiedenen Formen auf [116]. Standards von nationalen oder internationalen öffentlichen Einrichtungen werden als De-jure-Standards oder auch als Normen bezeichnet. Das Ergebnis einer freiwilligen Einigung auf Standards, die häufig von Standardisierungsorganisationen unterstützt wird, wird als Quasi-Standard bezeichnet, während sich am Markt herausbildende Standards als De-facto-Standards bezeichnet werden. Jede dieser genannten Arten von Standardisierung ist für RFID-Technologie in verschiedenen Bereichen relevant. Während Normen insbesondere die Bestimmung von erlaubten Sendeleistungen und -frequenzen festlegen, betreffen Quasi-

und De-facto-Standards eher Anwendungen und Datenformate.

Die verschiedenen Bereiche, in denen Standardisierung im Umfeld von RFID relevant ist, lassen sich gemäß einer Studie der Europäischen Union einteilen in [132]

- RFID-Frequenzen und Funk-Normungen
- RFID-Kommunikationsstandards
- RFID-Datenstandards
- RFID-Netzwerkstandards
- RFID-Sicherheitsstandards
- RFID-Anwendungsstandards

Die Standardisierung in diesen verschiedenen Bereichen ist dabei unterschiedlich weit fortgeschritten.

Vor einer RFID-Einführung sollten sich Unternehmen zu einem möglichst frühen Zeitpunkt einen Überblick über alle für ihre Branche relevanten Gremien und Standardisierungsaktivitäten verschaffen [46]. Quellen für diese Informationen sind Fachzeitschriften, Informationsmaterial der Standardisierungsorganisationen sowie spezielle Standardisierungsübersichten, wie die vom Bereich Logistik der Technischen Universität Berlin entwickelte Standardisierungslandkarte, in der Akteure der RFID-Standardisierung und deren Verbindungen zueinander visualisiert werden [111]. Die Standardisierungslandkarte ist online über die Adresse http://webserver.ww.tu-berlin.de/standardisierungsmap abzurufen.

Darüber hinaus ist die Mitarbeit in relevanten Standardisierungsgremien – z. B. in einer der Arbeitsgruppen von EPCglobal – sinnvoll, wenn Anwender sicherstellen wollen, dass ihre Anforderungen bei der Etablierung von Branchenstandards von den Systemanbietern hinreichend berücksichtigt werden. Obwohl die Mitarbeit natürlich entsprechende Ressourcen erfordert, bieten die Arbeitstreffen der Gremien – wie auch andere Fachkonferenzen – eine ideale Plattform, um sich mit anderen Anwendern über deren „Best Practices“ oder mit RFID-Systemanbietern über die neusten technischen Entwicklungen auszutauschen [46].

2.7 Stärken, Schwächen, Chancen und Risiken

Ein weit verbreitetes Instrument für die Situationsanalyse von Entscheidungsträgern ist die SWOT-Analyse. Dabei werden in einer Selbstanalyse die Stärken und Schwächen identifiziert und in einer Umweltanalyse die externen Chancen und Risiken ermittelt. Auf Basis der Analyseergebnisse können dann Strategien entwickelt und Handlungsoptionen abgeleitet werden.

Eine SWOT-Analyse zur RFID-Technologie muss aufgrund der Selbstanalyse prinzipiell von jedem Entscheidungsträger spezifisch durchgeführt werden. Trotzdem existieren in der Literatur einige beispielhaft durchgeführte Analysen [10], [46], die im folgenden Kapitel kurz zusammengefasst werden. Anschließend wird über eine SWOT-Analyse berichtet, die nicht auf ein Unternehmen, sondern die Europäische Union als handelnde Instanz fokussiert [11].

2.7.1 Unternehmens-Perspektive

Die SWOT-Analyse aus der Perspektive eines Unternehmens umfasst die Stärken und Schwächen des Unternehmens in Bezug auf RFID sowie die Chancen und Risiken beim Einsatz der Technologie als externe Faktoren.

Stärken	Schwächen
• Operative Prozessoptimierung (potenzielle Kostenreduktion) • Verbesserung der Transparenz durch gesteigerte Datenqualität (verbesserte Entscheidungsfindung)	• Herausforderung an die IT-Integration • Herausforderung der physischen Prozess-Integration • Herausforderung der organisatorischen Prozess-Integration
Chancen	**Risiken**
• Neue RFID-basierte Geschäftsmodelle • Positionierung als innovativer Geschäftspartner • Bereitschaft zur RFID-basierten Kooperation	• Kosten-Nutzen-Asymmetrien in Wertschöpfungsketten • Mögliche negative Wahrnehmung durch Mitarbeiter und die Öffentlichkeit • Fehlende Anwendungsstandards

Abb. 2.8 Unternehmensspezifische SWOT-Analyse für RFID

Die Stärken der RFID-Technologie sind auf ihre technischen Eigenschaften zurückzuführen. Die automatische Identifikation von mehreren Objekten gleichzeitig, ohne Sichtkontakt oder menschliches Eingreifen, sowie die Robustheit von RFID-Transpondern gegenüber Umwelteinflüssen und die Speichergröße haben das Potenzial, die physischen Unternehmensprozesse zu optimieren und dadurch entweder den Ressourceneinsatz zu senken oder mit den bestehenden Ressourcen einen höheren Output bzw. Durchsatz zu erzielen.

Die Informationsbasis kann durch RFID prinzipiell hinsichtlich Qualität, Quantität und Aktualität verbessert werden [33]. Üblicherweise ändert sich der Detailgrad der Informationen von Produktklassenebene auf Produktinstanzebene. Die automatische Identifikation ermöglicht die relativ kostengünstige Installation zusätzlicher Erfassungspunkte und kann vorherige Stichproben durch Vollerhebungen ersetzen. Diese verbesserte Transparenz kann die Informationsbasis für das Treffen von Entscheidungen signifikant optimieren.

Die Schwächen der Technologie bei der unternehmensinternen Analyse liegen in erster Linie in den Integrationsherausforderungen. Als informationsverarbeitendes System muss die RFID-Technologie in die bestehende IT-Infrastruktur integriert werden. Die rohen Lesedaten müssen quasi permanent gespeichert sowie verarbeitet werden. Der Einsatz einer RFID-Middleware zur Filterung und Aggregation dieser Daten nimmt bei der IT-Integration daher einen hohen Stellenwert ein.

Bei der physischen Integration der RFID-Transponder mit den Objekten und der Integration der RFID-Lesegeräte in die Prozesse ist das System unter dem Gesichtspunkt der Funk-Technologie zu betrachten. Dabei spielen Reflexionen, Positionierungen, Abschirmungen etc. eine fundamentale Rolle, die die Lesequalität beeinflussen und vor der Einführung hinreichend getestet und konfiguriert werden müssen.

Letztendlich ist die Einführung mit organisatorischen Prozessveränderungen verbunden. Ein verändertes Aufgabenspektrum der Mitarbeiter muss sowohl aus Perspektive der Mitbestimmungsgrundsätze als auch aus Motivationsgründen geeignet kommuniziert werden.

Die Chancen einer RFID-Einführung sind vor dem Hintergrund des Marktumfelds zu betrachten. Ein Unternehmen könnte beispielsweise neue RFID-basierte Dienstleistungen am Markt anbieten. Strategisch betrachtet kann sich ein Unternehmen als technologisch innovativ positionieren. Ebenfalls positive Auswirkungen auf Kunden und Geschäftspartner kann die Bereitschaft zur RFID-basierten Kooperation haben.

Diese Chance kann auch leicht zu einem Risikofaktor werden, sollten in Abhängigkeit von den Machtstrukturen asymmetrische Kosten-Nutzen-Verteilungen die Einführung beeinflussen.

Ein weiteres Risiko liegt im wahrgenommenen Datenschutz von betroffenen Mitarbeitern und Kunden. Aus diesem Grund sind Anstrengungen zur Gewährleistung des Datenschutzes rechtzeitig zu unternehmen und mit den entsprechenden Gremien (Betriebsrat, Verbraucherschutz etc.) abzustimmen.

Standards für die Funktionsfähigkeit von RFID-Transpondern und Lesegeräten bilden mittlerweile kein großes Risiko mehr für eine RFID-Einführung. Sollten die Anwendungen jedoch unternehmensübergreifend genutzt werden, werden Anwendungsstandards benötigt, beispielsweise auf Basis der von EPCglobal spezifizierten Auffindungsdienste, die erst noch entwickelt werden und ihre Verbreitung finden müssen.

2.7.2 Politische Perspektive

Die RFID-Technologie und die damit verbundenen Potenziale aber auch Risiken für die Verbraucher haben auf europäischer Ebene verstärkt Beachtung gefunden. Mit dazu beigetragen hat die im Rahmen der deutschen Präsidentschaft des Rates der Europäischen Union ausgerichtete Konferenz „RFID: Towards the Internet of Things“, am 25. und 26. Juni 2007 in Berlin sowie die darauf folgende Konferenz „The next steps to the Internet of Things“ am 15. und 16. November 2007 in Lissabon unter der Ratspräsidentschaft Portugals.

Unter dem Titel „Towards an RFID Policy for Europe“ wurde von der Europäischen Kommission eine Homepage eingerichtet, auf der Anbieter, Anwender, Interessensvertreter etc. Stellung beziehen und damit indirekt auf die politische Stellungnahme gegenüber der RFID-Technologie Einfluss nehmen konnten.

Mit der Veröffentlichung der Empfehlung für die Implementierung von Datenschutz und der Sicherstellung der Privatsphäre der RFID-Nutzer [27] hat die Europäische Kommission insbesondere auch die während der Online-Konsultation geäußerten Bedenken berücksichtigt. Im dem Aktionsplan „Internet der Dinge“ für Europa schildert die Europäische Kommission die Erwartungen und Handlungsmaßnahmen zur Weiterentwicklung der RFID-Technologie im „Internet der Dinge“ [26].

Vor diesem Hintergrund wurden die Stärken und Schwächen Europas in Bezug auf die RFID-Technologie analysiert und die Chancen und Risiken bewertet (vgl. Abb. 2.9).

Die erkannten Stärken erstrecken sich von den Technologie-Anbietern und den Nutzern bis zur politischen Rah-

Stärken	Schwächen
• Aufgeschlossene RFID-Anwender • Leistungsfähige Technologiehersteller • Forschungsinfrastruktur und strategische Projekte	• Investitionsrisiko bei KMU • Unzureichende Harmonisierung innerhalb Europas • Fehlende Anwendungsstandards • Geringe Beschaffung der öffentlichen Hand
Chancen	**Risiken**
• Hohes Potenzial für Effizienzgewinne • Entstehung neuer Arbeitsplätze • Marktanteil für europäische Technologiehersteller • Datenschutztechnologien	• Technologie-Wettbewerb mit den USA und Asien • Billiganbieter außerhalb Europas • Fehlende globale Interoperabilität • Fehlender Konsens gesellschaftspolitischer Problemstellungen

Abb. 2.9 SWOT-Analyse für RFID in der Europäischen Union

mensetzung. Die Anwender in Europa werden als technologieaufgeschlossen und innovationsfreudig bewertet. Die Technologiehersteller decken alle Komponenten an RFID-Hardware und -Software ab und sind im Marktumfeld gut positioniert. Eine gemeinsame Forschungsinfrastruktur ist über das 6. Europäische Forschungsrahmenprogramm (2002-2006) aufgebaut und über das 7. Europäische Forschungsrahmenprogramm (2007-2013) fortgesetzt worden.

Als Schwächen wurde u. a. ermittelt, dass kleinen und mittleren Unternehmen (KMU) oftmals sowohl das für RFID-Investitionen nötige Eigenkapital als auch das Knowhow für die Abschätzung der Vorteilhaftigkeit und Umsetzung fehlt. Die unzureichende Harmonisierung bei der

RFID-Einführung bezieht sich innerhalb Europas auf die unterschiedlichen Einführungsgeschwindigkeiten, aber auch auf ein unterschiedliches Bewusstsein für die gesellschaftlichen Aspekte in den verschiedenen Ländern. Neben den fehlenden Anwendungsstandards, die auch bei der unternehmensspezifischen Analyse eine Rolle gespielt haben, wird der geringe Einsatz von RFID-Technologie seitens staatlicher Stellen als Schwäche aufgeführt.

Die Chancen der RFID-Technologie für Europa werden u. a. in Effizienzgewinnen für die Unternehmen und der Entstehung neuer Arbeitsplätze gesehen. Auch wird erwartet, dass sich die europäischen Technologiehersteller einen Marktanteil auf dem wachsenden globalen Markt sichern können. Aufbauend auf dem Dialog mit Interessensgruppen wurde die Empfehlung für den Datenschutz und den Schutz der Privatsphäre der Anwender veröffentlicht.

Im internationalen Wettbewerb als Technologieanbieter konkurriert Europa mit Anbietern aus den USA und Asien. Es wird befürchtet, dass die Entstehung von Billiganbietern außerhalb Europas zu einem Preisdumping führen könnte. Darüber hinaus werden noch fehlende Interoperabilität und ein fehlender Konsens über die gesellschaftspolitischen Problemstellungen als Gefahr beurteilt.

Kapitel 3
RFID-Einführung im Unternehmen

Bei der Einführung von RFID-Technologie betreten die meisten Unternehmen noch Neuland. Dabei sind gesammelte Erfahrungen für den Erfolg einer Einführung ein ausschlaggebender Faktor [110]. Aus diesem Grund wird eine Reihe an Literatur angeboten, die in Bezug auf verschiedene Aspekte die gesammelten Erfahrungen der bisherigen Anwender zusammenfasst. Das Informationsmaterial besteht aus generellen RFID-Leitfäden oder konkreten Vorgehensmodellen, Checklisten, Potenzialchecks sowie Methoden für die Durchführung von Wirtschaftlichkeitsberechnungen.

Generelle RFID-Leitfäden geben in der Regel eine Einführung in die RFID-Technologie, erklären Anwendungsgebiete und nennen Beispiele für erfolgreiche Einführungen. In einer Studie auf Basis einer Datenerhebung von 153 Unternehmen aus dem Jahr 2007 wurden Unterschiede bei der RFID-Einführung von Großkonzernen und KMUs festgestellt [112]. Vor diesem Hintergrund ist zu erklären, dass die Leitfäden eine Zielgruppe fokussieren, wie z. B.:

G. Tamm, C. Tribowski, *RFID*, Informatik im Fokus, DOI 978-3-642-11460-1_3,

- RFID – Leitfaden für den Mittelstand, herausgegeben vom Informationsforum RFID e.V. [63]
- Leitfaden: RFID – Eine Chance für kleine und mittlere Unternehmen, herausgegeben von den Regionalen Kompetenzzentren EC-Ruhr und ECC Stuttgart-Heilbronn im Rahmen des Begleitprojektes „RFID für kleine und mittlere Unternehmen“ als Teil der BMWi-Förderinitiative „Netzwerk Elektronischer Geschäftsverkehr“ [17]
- Management-Leitfaden für den Einsatz von RFID-Systemen, herausgegeben von der RFID-Fachgruppe des Verbands der EDV-Software- und Beratungsunternehmen e.V. (VDEB) in Zusammenarbeit mit dem Industrieverband für Automatische Identifikation, Datenerfassung und Mobile Datenkommunikation (AIM Deutschland) [129]

Eine Metastudie im Auftrag der Europäischen Union erfasste bis Oktober 2007 71 Dokumente, die als RFID-Leitfäden bezeichnete wurden (sowohl von den Herausgebern bzw. Autoren als auch von den Autoren der Metastudie) [37]. Unter der Voraussetzung, dass ein RFID-Leitfaden sowohl domänen- als auch anwendungsspezifisch sein sollte, wurden 20 RFID-Leitfäden einer formalen sowie inhaltlichen Analyse unterzogen. Als Resultat wurde einerseits eine Checkliste mit den bei einer RFID-Einführung zu beachtenden Punkten entwickelt und andererseits der prinzipielle Einsatz von Leitfänden einer SWOT-Analyse unterzogen (vgl. Abb. 3.1).

Eine Stärke im Einsatz von RFID-Leitfäden liegt darin, dass sich insbesondere Anwender, die bislang keine Erfahrung im Umgang mit RFID-Technologie haben, einen Überblick über die technischen Eigenschaften von RFID sowie über die Vorteile und Herausforderungen des RFID-

Stärken	Schwächen
• Überblick schaffen • Entscheidungsgrundlage schaffen • Neue Ideen liefern/Horizont erweitern • Best-Practice-Beispiele geben	• Sicherheit vortäuschen • Anreize für Selbstanalyse nehmen • Verwirrung durch Widersprüche in verschiedenen Leitfäden • Informationen ohne praktischen Wert
Chancen	**Risiken**
• Reduzierung des Aufwands für die Planung • Möglichkeit der frühzeitigen Wirtschaftlichkeitsabschätzung • Zieldefinition und -abgleich für die Implementierungsphase	• Zu generelle oder zu theoretische Leitfäden • Fehlende Realitätsnähe zur Technologie und zu schneller technischer Fortschritt • Zu hohe Komplexität

Abb. 3.1 SWOT-Analyse zum Einsatz von Leitfäden (auf Basis von [37])

Einsatzes verschaffen können. Diese Informationsbasis kann wiederum die Basis für eine Entscheidungsgrundlage darstellen. Bei der Orientierung an Best Practices – also an Anwendungen und Vorgehensweisen, die sich bewährt haben – kann die Unsicherheit der Implementierung verringert werden. Die Leitfäden können darüber hinaus als Ideenlieferant dienen und den Horizont des Unternehmens in Bezug auf die Anwendungsfelder von RFID erweitern.

Jedoch kann die Orientierung an Leitfäden den Unternehmen eine nicht gegebene Sicherheit vortäuschen und den Anreiz an die spezifische Situationsanalyse verringern. Darüber hinaus kann der Einsatz von mehreren Leitfäden zu Verwirrungen oder Verunsicherung führen, wenn sie bspw. bezüglich der Vorgehensweisen in Widerspruch stehen. Letztendlich ist die Qualität der Leitfäden sehr unterschiedlich. Im schlechtesten Fall sind die Informationen im Leitfaden falsch – oder aber haben keinen praktischen Wert.

In der Metastudie wurde als Chance der Orientierung an Leitfäden gesehen, dass sie den Aufwand für die Planung des Vorhabens reduzieren. Außerdem bieten sie die Möglichkeit, besonders früh im Einführungsprozess die Wirtschaftlichkeit der vorgesehenen Anwendung bewerten zu können. Darüber hinaus können die definierten Ziele als Maßstab für die Realisierungsphase dienen.

Das Risiko beim Einsatz von Leitfäden liegt in der Tatsache, dass sich die RFID-Technologie rasant weiterentwickelt und daher einige Informationen in den Leitfäden bereits veraltet sein könnten. Prinzipiell liegt die Gefahr darin, dass die Leitfäden zu generell bzw. theoretisch gehalten sind, um die Einführung tatsächlich zu unterstützten – oder aber im Gegensatz für Erstanwender der RFID-Technologie zu komplex sind.

Die Informationsmaterialien zum Thema RFID unterscheiden sich stark in ihrem Verwendungszweck. In den folgenden Abschnitten wird ein Vorgehensmodell auf Basis diverser RFID-Leitfäden sowie Methoden und Werkzeuge sowohl zur Wirtschaftlichkeitsberechnung als auch zum Abschätzen des Potenzials vorgestellt.

3.1 Vorgehensmodell zur Einführung von RFID

Um die Komplexität der RFID-Einführung in Unternehmensprozesse zu reduzieren, bietet sich der Einsatz eines Vorgehensmodells an. Vorgehensmodelle unterteilen einen Prozess in abgegrenzte Phasen, die jeweils methodisch unterstützt ein definiertes Ergebnis liefern sollen. Ein typischer Ablauf für die Entwicklung von Informationssystemen differenziert die Abschnitte in die Vorphase, die Analyse, den Entwurf, die Realisierung und die Einführung [9].

Eine RFID-Einführung wird in aller Regel in Form eines Projekts organisiert. Jedes Unternehmen wird dabei zumindest implizit einem mehr oder weniger strukturierten Vorgehen folgen. RFID-Technologie besitzt gewisse Eigenschaften, für die es sinnvoll ist, das spezifische Vorgehensmodell bezüglich der Phasen und methodischer Unterstützung anzupassen. Um die technische Zuverlässigkeit sicherzustellen, sollte beispielsweise ein Test- bzw. Pilotprojekt unter möglichst realen Bedingungen durchgeführt werden.

Aus diesen Gründen existiert eine Reihe von RFID-spezifischen Vorgehensmodellen, an denen sich Unternehmen bei der RFID-Einführung orientieren können (vgl. Tabelle 3.1). Einerseits erhebt diese Auflistung keinen Anspruch auf Vollständigkeit. Andererseits zeigt schon folgende Tatsache, dass es anscheinend kein optimales Vorgehen gibt: Kein Modell gleicht dem anderen. Die speziellen Situationen der RFID-Einführung in Unternehmen machen daher immer eine Anpassung notwendig. Dennoch haben die Modelle diverse Teilaufgaben gemeinsam. Die Orientierung an diesen Teilaufgaben kann Unternehmen bei der erfolgreichen Implementierung der Technologie unterstützen. Daher wird im Folgenden ein Modell vorgestellt, das die Teilaufgaben aus den gesammelten Vorgehensmodellen umfasst und sich beim Ablauf an den anfangs genannten Phasen orientiert.

3.1.1 Vorphase

Die Überlegung, in einem Unternehmen RFID-Technologie einzuführen, resultiert in der Regel aus zwei verschiedenen Beweggründen. Entweder existiert ein Innovationsprozess, der laufend die Entwicklung und Weiterentwicklung von Technologien verfolgt und die Potenziale für das eigene Unternehmen bewertet und auf diese Art und Weise ein Projekt anstößt. Oder es gibt ein Bedürfnis nach einer Verbesserung aus einer funktionalen Einheit heraus, bspw. der Unternehmenslogistik, die in der RFID-Technologie eine mögliche Lösung sieht. In beiden Fällen ist es erforderlich, dass ein gewisses Bewusstsein über RFID-Technologie bereits vorhanden ist oder z. B. durch Einführungsworkshops oder Mitarbeiterschulungen geschaffen wird.

Wird aus diesen Überlegungen heraus ein Projekt zur Einführung von RFID-Technologie gestartet, dann sollten vor Projektbeginn in einer Vorphase die Ziele, das Projektteam, die Voraussetzungen, die Finanzierung und das Vorgehen abgestimmt werden.

Die Festlegung der *Projektziele* hat einen wichtigen Einfluss auf den weiteren Ablauf und den Erfolg des Vorhabens. Als Projektziele können beispielsweise Kostenreduzierungen, eine verbesserte Informationsbasis oder der Gewinn an Erfahrung im Umgang mit der RFID-Technologie

Tabelle 3.1 Vorgehensmodelle zur RFID-Einführung

Titel	Autoren	Stufen auf oberster Ebene	Zugang
A Guideline to RFID Application in Supply Chains	REGINSrfid	Feasibility Study, Pilot Project, Roll-out	[95], S. 66-86
EPC-Roadmap für Unternehmen	Global Commerce Initiative (GCI) und IBM Business Consulting Services	Lernen, Experimentieren, Bewerten, Umsetzen	[45], S. 13-15
RFID-Systemeinführung – Ein Leitfaden für Projektleiter	Sandra Gross und Frédéric Thiesse	Analyse, Konzeption, Implementierung	[51]
Stufenmodell zur Implementierung einer RFID-Infrastruktur	Jan Hustadt	Anforderungsanalyse, Laboruntersuchungen, Systemdesign, Pilotrealisierung	[44], S. 160-171
Vorgehensmodell zur Implementierung der RFID-Technologie in logistischen Systemen	Stefan Vogeler	Steuern, Absichern, Gestalten, Unterstützen	[131] und [46], S. 12-15

festgelegt werden. Üblicherweise sollte darauf geachtet werden, dass die Ziele konform zu den Unternehmenszielen formuliert werden. Bei der Verfolgung mehrerer Ziele sollten die Abhängigkeiten definiert und die Ziele ggf. priorisiert werden. Außerdem ist auf deren Operationalisierbarkeit zu achten. Dies bedeutet, dass die Ziele durch den Einsatz von RFID erreicht werden können und dass diese Zielerreichung messbar ist.

Der Erfolg des Projekts ist letztlich nicht im geringen Maße vom *Projektteam* abhängig. Das Team sollte sich interdisziplinär mindestens aus IT-Verantwortlichen sowie den Verantwortlichen aus den funktionalen Abteilungen, die von der RFID-Einführung betroffen sind, zusammensetzen. Die Projektleitung liegt bei besonders erfolgreichen RFID-Projekten öfter in den betroffenen Funktionsbereichen (74% Logistik, 21% Produktion) als bei der IT-Abteilung (42%), während die Unternehmens-IT in fast allen Projekten als Teilnehmer fungiert (94%) [110]. Bei der Zusammensetzung sollte darauf geachtet werden, dass im Projektteam eine genaue Kenntnis über die betroffenen Prozesse, die relevanten Informationssysteme, Kenntnisse der RFID-Technologie sowie Kommunikationsfähigkeiten vorhanden sind. Prinzipiell können dem Projektteam auch externe Teilnehmer angehören, deren spezielles Know-how für die Bearbeitung erforderlich ist. Für bestimmte Teilaufgaben sollte das Projektteam weitere Experten hinzuziehen. Dies betrifft insbesondere die Querschnittsfunktionen im Unternehmen wie Qualitätsmanagement, Personalabteilung, Rechtsabteilung, Controlling, Forschung und Entwicklung sowie Arbeitsschutz.

Bereits vor Projektstart sollte das *Umfeld* des RFID-Projekts hinsichtlich organisatorischer, politischer und technischer Rahmenbedingungen betrachtet werden. Aus organisatorischer Perspektive ist die wichtigste Fragestellung, ob es sich um ein innerbetriebliches oder unternehmensübergreifendes Projekt handelt. Einerseits bieten überbetriebliche Anwendungen die Möglichkeit einer Kostenaufteilung zwischen den teilnehmenden Partnern – unter Umständen ist dies auch erforderlich, wenn nicht alle Akteure in der Wertschöpfungskette gleichermaßen von der RFID-Einführung profitieren (s. Abschnitt 3.4). Andererseits stellen unternehmensübergreifende RFID-Anwendungen auch besondere Herausforderungen an die Einführung. Die Partner in der Wertschöpfungskette sind meist sehr heterogen sowohl in Bezug auf die Unternehmensgröße (von KMU bis Großkonzernen) als auch auf die technologischen Voraussetzungen. Dieser unterschiedliche Grad an technischer Voraussetzung der IT-Infrastruktur sollte von Beginn an als Rahmenbedingung einbezogen werden, um den Aufwand für die Integration der RFID-Infrastruktur abschätzen zu können. Darüber hinaus sollten die Ziele des gemeinsamen Projekts zusammen definiert werden, um den verschiedenen Erwartungen an die Art und den Umfang des Projekts gerecht werden zu können. Letztlich sind bei unternehmensübergreifenden RFID-Anwendungen die Schnittstellen zwischen den Informationssystemen bzw. der Zugriff auf gemeinsam genutzte Systeme zu klären.

Aus politischer Perspektive sind die Unternehmen an die Gesetze des jeweiligen Landes gebunden, in denen es operiert. Diese Gesetze (z. B. Regularien zur Frequenzbenutzung oder Gesetze zum Datenschutz und Mitbestimmungsrechten der Angestellten) bilden den Rahmen für das politische Umfeld.

Auch technische Grenzen der RFID-Technologie sollten vor Projektbeginn ins Bewusstsein gerufen werden. RFID als Funktechnologie ist dabei generellen Einflüssen unterworfen, die die Funktionsfähigkeit der Systeme beeinflussen. Sollten die Kenntnisse im Unternehmen noch nicht vorhanden sein, dann bietet sich die Benutzung von Online-Tools zum Potenzial-Check von RFID-Anwendungen an, mit denen Unternehmen einen groben Überblick über die Einsatzfähigkeit von RFID in den vorgesehenen Prozessen gewinnen können (s. Abschnitt 3.2.2).

Ein nicht zu unterschätzender Erfolgsfaktor bei der RFID-Einführung ist die *Unterstützung durch das Top-Management.* Der Projektleiter sollte daher mit der Unternehmensleitung die Ziele des Projekts, die Finanzierung sowie den Zeitrahmen abgesprochen haben und regelmäßig über den Fortschritt informieren.

Für eine detaillierte Wirtschaftlichkeitsanalyse sind die Informationen vor Projektbeginn noch nicht ausreichend. Allerdings sollte bei Festlegung der *Finanzierung* bereits die Make-or-Buy-Entscheidung vorbereitet werden. Für die Fremdvergabe der Konzeption und Implementierung des RFID-Systems an einen Generalunternehmer sprechen die Kompetenz eines spezialisierten Anbieters sowie die Reduzierung des Kostenrisikos für das beauftragende Unternehmen. Damit verbundene Nachteile können in einem fehlenden Aufbau der Kompetenzen im eigenen Unternehmen sowie in der intransparenten Kostensituation gesehen werden.

Abschließend ist in der Vorbereitung des RFID-Projekts das weitere *Vorgehen* mit Ablauf und Zeitplan zu bestimmen. Neben der Festlegung von Meilensteinen sollte insbesondere entschieden werden, in welchen Stufen das Projekt realisiert werden soll. Ein gestuftes Vorgehen mit bewussten Abbruchoptionen reduziert die Komplexität der Einführung und das damit verbundene Projektrisiko. Des Weiteren sollte festgelegt werden, ob ggf. Labortests oder Pilotprojekte durchgeführt werden. Das Pilotprojekt kann auch schon die erste Stufe des Roll-Outs der Anwendung darstellen. Ein Beispiel für ein mehrstufiges Vorgehen findet sich in Abschnitt 4.1 am Beispiel der Gerry Weber International AG.

3.1.2 Analyse

Das Ziel der Analysephase liegt zum einen darin, die Informationen über die von der RFID-Einführung betroffenen Prozesse, Stakeholder, IT-Systeme, technischen Infrastruktur und Objekte. Zum anderen sollen Informationen zur Wirtschaftlichkeit, Integration von Partnern und technischer Machbarkeit gesammelt werden. Sollte vor diesem Hintergrund die tatsächliche Einführung beschlossen werden, dienen die Ergebnisse der Analysephase in Form eines Lastenhefts gleichzeitig als Anforderungen an die RFID-Lösung für die anschließende Konzeption.

Im ersten Schritt der Analyse müssen die funktionalen Anforderungen an den RFID-Einsatz festgelegt werden. Dieser Einsatz wird die bestehenden *Geschäftsprozesse* verändern, selbst wenn es sich nur um die Substitution des Barcodes mit RFID handelt. Aus diesem Grund sind die betroffenen Prozesse in der Ist-Situation zu dokumentieren, da nur auf dieser Basis die Analyse sowie Bewertung von Optimierungspotenzialen und die Gestaltung neuer Prozesse möglich ist. In den nachfolgenden Schritten wird der physische Prozessablauf um die beteiligten Personen, Informationssysteme etc. ergänzt. Bei der Ermittlung der Ist-Prozesse kann oft auf Sekundärquellen – beispielsweise vorhandene Prozessmodelle – zurückgegriffen werden. Darüber hinausgehender Informationsbedarf sollte mit primären Erhebungsmethoden wie Beobachtungen oder Begehungen, Interviews sowie Workshops gedeckt und das Resultat mit den betroffenen Personen verifiziert werden. Zur Dokumentation bieten sich graphische Darstellungsmethoden ergänzt mit textlichen Beschreibungen an. Die Verwendung verbreiteter Methoden zur Prozessmodellierung (beispielsweise mit den Modellierungssprachen BPMN oder eEPK) und der Einsatz von unterstützenden Softwarewerkzeugen kann die Dokumentation erleichtern. Bei der Analyse der Geschäftsprozesse ist es sinnvoll, bestimmte Prozesskennzahlen (beispielsweise KPIs und KGIs) zu erheben bzw. mit aufzunehmen. Prozesskennzahlen (beispielsweise die Dauer einer bestimmten Aufgabe) helfen bei der Abschätzung der Auswirkungen der RFID-Einführung und dienen zum Abgleich mit der Zielerreichung.

Bereits bei der Geschäftsprozessmodellierung sollten die beteiligten Personen in Form von Rollen mit aufgenommen werden. Diese Perspektive gilt es mit einer gezielten *Stakeholder*-Analyse zu erweitern. Stakeholder sind alle an dem RFID-Prozess in diversen Formen beteiligte Personen oder Einrichtungen (beispielsweise Mitarbeiter, der Betriebsrat, Lieferanten, Kunden und Verbraucherschutzorganisationen). Die Einführung von RFID-Technologie wirkt sich unterschiedlich auf die Beteiligten aus – dabei ist der Erfolg meist von der Akzeptanz oder Unterstützung aller Gruppen ausschlaggebend. Durch gezielte Kommunikation sollte diese Akzeptanz oder Unterstützung gesichert werden. Dabei sollte jede Zielgruppe gemäß ihres Informationsbedürfnisses individuell angesprochen werden (z. B. die Betriebsleitung über die Zielerreichung, betroffene Angestellte über eine mögliche Arbeitserleichterung, Verbraucher über den Datenschutz). Eine Kommunikationsstrategie mit Gruppe, Ziel, Inhalt, Medium und Häufigkeit wird in [51] exemplarisch aufgezeigt. Bereits in der Analysephase sollten im Zuge der Stakeholder-Analyse benötigte Schulungs- und Trainingsmaßnahmen geplant werden. Die Trainingseinheiten sollten auf alle Benutzergruppen des RFID-Systems zugeschnitten sein und dienen zusätzlich der Schaffung von Akzeptanz.

Eng verbunden mit der Stakeholder-Analyse ist die *Partnerintegration*, also die Einbindung externer Lösungspartner bei der Realisierung der Anwendung, die spezielle RFID-Expertise bei Hardware, Software oder Dienstleistungen aufweisen. Bei der Auswahl dieser Partner spielt neben den Kosten und der Erfüllung der definierten Anforderungen vor allem die RFID-Kompetenz eine wichtige Rolle, die durch entsprechende Referenzprojekte nachgewiesen werden sollte. Leistungen, die von Partnern bezogen oder vollzogen werden, sind die RFID-spezifische Hardware (Lesegeräte und Transponder), Software, die Montage, die Anpassung der Informationssysteme sowie Mitarbeiterschulungen. Ein Generalunternehmer koordiniert alle beteiligten Partner, trägt das Risiko der Integration und kann für eine spätere Abrechnung z. B. als Clearingstelle agieren. Sollte sich das Unternehmen entscheiden, die Verträge mit jedem einzelnen Leistungsanbieter zu schließen, muss also unbedingt auf aufeinander abgestimmte Leistungsbündel geachtet werden. Bei der Wahl der Lösungspartner vertrauen einer Studie zufolge 60% der befragten Unternehmen auf bewährte Partnerschaften aus anderen Bereichen, während 58% auf Empfehlungen anderer Anwender zurückgreifen, die bereits positive Erfahrungen mit bestimmten Partnern sammeln konnten [110].

Bei der Analyse der *IT-Systeme* steht insbesondere die Integration der RFID-Technologie in die bestehenden Anwendungen im Vordergrund. Dazu sind die betroffenen Informationssysteme mit den zur Verfügung stehenden Schnittstellen und den betroffenen Datenmodellen zu ermitteln und bezüglich der Integrationsfähigkeit zu bewerten. In Hinblick auf das Datenmanagement stellt sich die Frage, welche Daten auf dem RFID-Transponder gespeichert werden sollen und wie diese Daten mit den Daten in den Informationssystemen verknüpft sind. Darüber hinaus sind die Informationen über die bestehenden IT-Systeme zu erheben, welche Datenschutz-, Zugriffsschutz- und Verschlüsselungsmechanismen eingesetzt werden. Insgesamt müssen alle Informationen gesammelt werden, die in der nachfolgenden Phase bei der Konzeption des RFID-Systems und der Änderung der Anwendungssysteme benötigt werden. Diese betreffen alle Schichten der IT-Systeme wie die Netzwerkebene, die Datenbankebene und die Anwendungsebene. Des Weiteren müssen etwaige Echtzeitanforderungen bei der Kommunikation zwischen Lese- und Schreibzugriffen und den Informationssystemen bestimmt werden. Bei der unternehmensübergreifenden RFID-Einführung müssen auch die Informationssysteme der beteiligten Partner analysiert und insbesondere die verfügbaren Schnittstellen sowie eingesetzten Standards berücksichtigt werden.

Die Analyse der technischen *Infrastruktur* muss vor dem Hintergrund der technischen Eigenschaften der RFID-Technologie geschehen. Dabei sollten bestimmte Einflussfaktoren in einer Ortsbegehung für alle Orte ermittelt werden, an denen durch mobile oder stationäre RFID-Antennen und -Lesegeräte RFID-Transponder erfasst werden müssen. Die zu ermittelnden Parameter betreffen die elektromagnetischen Umgebungseinflüsse. Diese können einerseits durch reflektierende bzw. elektrisch leitende Oberflächen und absorbierende Materialien entstehen. Andererseits zählen Störfrequenzen, die durch konkurrierende Systeme wie WLAN oder Mobilfunk und durch elektrostatische Aufladung erzeugt werden, zu den Umgebungseinflüssen. Darüber hinaus sind mechanische Einflüsse wie Stöße, Druck, Reibung, Schwingungen und Schwerkräfte sowie chemische Belastungen durch Öle, Reinigungsmittel, Schmierstoffe, Säure, Laugen, Alkohol, Tenside und Lösungsmittel zu ermitteln. Des Weiteren sind thermische Belastungen (minimale bis maximale Betriebs- und Lagertemperatur) sowie witterungsbedingte Einflüsse wie Regen, Nebel, Luftfeuchtigkeit allgemein, Frost, Eis, Sonneneinstrahlung und salzige Seeluft festzustellen.

Die Analyse der mit RFID-Transpondern auszustattenden *Objekte* schließt sich bezüglich der Größe, der Oberflächenbeschaffenheit, des Materials, des Inhalts und der Anordnung der Objekte an die Analyse der technischen Infrastruktur an, da auch diese Eigenschaften die Funktionsfähigkeit der RFID-Technologie beeinflussen. Diese speziellen Eigenschaften beeinflussen u. a., wie der RFID-Transponder am Objekt befestigt bzw. integriert werden kann. Verpackungen, Materialien oder Inhalte mit Metall oder Wasser können Störungen beim Auslesen oder Beschreiben verursachen. Diese Störungen können teilweise durch die Benutzung spezieller Typen von RFID-Transpondern (z. B. On-Metal-Tags) gelöst werden.

Darüber hinaus müssen die Fragestellungen zur Platzierung der RFID-Transponder auf dem Objekt und der Objekte im Lesefeld beantwortet werden, da dies einen direkten Einfluss auf die Lesequalität besitzt. Unter Umständen werden nachfolgende Techniktests zeigen, dass bestimmte Positionen die Lesequalität signifikant steigern. In diesen Situationen muss geklärt werden, ob auf einem Objekt zusätzliche Transponder (vergleichbar zum Aufdruck des gleichen Barcodes auf verschiedene Seiten eines Produktes in manchen Supermarktketten) angebracht werden können, oder ob die Positionierung der Objekte bei der Lesung festgelegt und vereinheitlicht werden kann.

Bei den Objekten kann es sich um Komponenten, Werkzeuge, Produkte, Verpackungen, Ladungsträger etc. handeln. Bei der Auswahl der Objekte sind der Wert des Objekts, das Mengengerüst und die Eigenschaft, ob der RFID-Transponder wiederverwertbar ist oder nicht, besonders ausschlaggebend. Sollte nur ein Teil einer bestimmten Objektgruppe mit RFID-Transpondern ausgestattet werden, darf nicht außer Acht gelassen werden, dass die Abwicklung von parallelen Prozessen die Komplexität der Anwendung übermäßig steigern kann. Ein weiteres zu beachtendes Kriterium ist eine mögliche Objekthierarchie oder Gruppierung der Objekte. Dies hat sowohl Auswirkungen auf die Lesequalität als auch auf die Ausgestaltung der Informationssysteme. Typische Fragestellungen, die diesbezüglich beantwortet werden müssen, umfassen zum einen, ob es sich um eine homogene oder heterogene Gruppe handelt. Zum anderen spielt die Anzahl der Objekte in der Gruppe und ihre Anordnung (ob es eingeschlossene Objekte gibt und ob die Gruppen zusätzlich verpackt sind) eine wichtige Rolle. Die Pulklesung von solchen Gruppen kann die Lesequalität im Vergleich mit einer Einzellesung verschlechtern. Sollte die Zusammenstellung einer Gruppe über einen gewissen Zeitraum jedoch konstant bleiben (beispielsweise durch das Verschließen von Produkten in einem Karton), dann könnte durch das Lesen von einigen dieser Produkte auf den kompletten Inhalt des Kartons geschlossen werden. Die Grenzen der zu lesenden Objekte sind allerdings bewusst und erst nach Tests festzulegen, da es nicht nur zu „falsch negativen“ Fehlern kommen kann (bei denen ein Objekt nicht gelesen wird), sondern auch zu „falsch positiven“ Fehlern, bei denen (evtl. durch Reflexionen) ein RFID-Transponder gelesen wird, der sich nicht im beabsichtigten Lesefeld befindet. Auch diese Überlegungen zeigen die Relevanz durchzuführender Labortests auf.

Technologietests dienen der Sicherstellung der technischen Funktionsfähigkeit und Zuverlässigkeit der geplanten RFID-Lösungen für die spezifische Anwendung vor dem Hintergrund der oben genannten Einflussfaktoren. Im ersten Schritt sollten mit den erworbenen RFID-Kenntnissen, mit der Benutzung von Potenzialchecks, duch den Austausch mit Systemanbietern, durch die Mitarbeit in branchenspezifischen RFID-Gremien wie Standardisierungsorganisationen sowie durch den Besuch von Fachmessen und Tagungen die passenden Technologien ausgewählt werden. Diese gilt es in einem weiteren Schritt einem Machbarkeitstest zu unterziehen, bevor nach Auswahl der einzusetzenden Technologie ein Konfigurationstest durchgeführt werden kann. Die Tests sollten in Umgebungen stattfinden, die die späteren realen Umgebungen möglichst gut abbilden. Auf Feldtests, also Tests in realen Bedingungen vor Ort, kann in der Regel nicht zurückgegriffen werden, da sonst der Betriebsablauf gestört würde. Stattdessen bieten

Labortests eine gute Möglichkeit, die realen Bedingungen möglichst ressourcenschonend nachzubilden.

Die Entscheidung für oder gegen die Realisierung des RFID-Projekts fällt in der Regel auf der Basis einer *Wirtschaftlichkeitsanalyse* bzw. einer Kosten-Nutzen-Analyse, je nach Definition, ob auch nicht-monetäre Kriterien in die Entscheidung einbezogen werden. Abhängig von den festgelegten Zielen der Anwendung helfen geeignete Kennzahlen und Messgrößen bei der Bestimmung der Kosten und Nutzen. Im Abschnitt 3.2.1 befindet sich eine Beschreibung der gängigen Bewertungsmethoden sowie eine Reihe von Software-Tools, die den Bewertungsprozess unterstützen können, aber unter Umständen nicht jeden spezifischen Anwendungsfall abdecken.

Die Einführung der RFID-Technologie verfolgt häufig nicht ausschließlich operative Ziele, die einigermaßen einfach gemessen werden können, sondern teilweise auch strategische Ziele, deren Nutzen als nicht-quantifizierbar beschrieben werden kann. Die Bewertung dieses nicht-quantifizierbaren Nutzens ist meist sehr schwierig bzw. subjektiv – allerdings sind viele RFID-Anwendungen nur unter Einbeziehung dieser Faktoren wirtschaftlich. In dieser Situation bietet sich ein zweistufiges Vorgehen an. Im ersten Schritt werden die monetär bewertbaren Nutzeneffekte den ermittelten Kosten gegenübergestellt und eine im Unternehmen übliche Kennzahl wie die Amortisationsdauer oder der Kapitalwert berechnet. Im zweiten Schritt kann dann die Entscheidung getroffen werden, ob die nicht-quantifizierbaren Nutzen den Differenzbetrag übersteigen. Dieser Vergleich ist zumeist leichter zu beantworten als die absolute Schätzung der Nutzen.

In der Analysephase sind in der Regel noch keine Erfahrungswerte über die tatsächlichen Auswirkungen der RFID-Einführung vorhanden. Aus diesem Grund sollten Sensitivitätsanalysen für die wichtigsten Parameter des Entscheidungsmodells, die sowohl von den RFID-Prozessen (beispielsweise Dauer der Zeiteinsparung, Anteil der reduzierten Fehler) als auch von der zeitlichen Entwicklung abhängig sind (beispielsweise der Preis von RFID-Transpondern), durchgeführt werden.

3.1.3 Entwurf

Den Input für die Entwurfsphase bildet das Lastenheft, das in der Formulierung so allgemein wie möglich und so einschränkend wie nötig gehalten werden sollte. Dies bedeutet, dass der (je nach getroffener Entscheidung unternehmensinterne oder externe) Auftragnehmer die Möglichkeit besitzt, eine optimale Lösung zu erarbeiten, ohne durch zu konkrete Anforderungen in seiner Lösungskompetenz eingeschränkt zu sein. Auf Basis dieses Lastenhefts wird in der Entwurfsphase das Lösungskonzept erarbeitet und im Pflichtenheft dokumentiert. Das Pflichtenheft enthält die RFID-gestützten Sollprozesse, den Entwurf für das Datenmanagement, die Spezifikation für die Änderung an den bestehenden Informationssystemen, die Spezifikation der neuen Informationssysteme, insbesondere die Gestaltung der graphischen Benutzeroberflächen, die Spezifikation der RFID-Middleware, die Infrastrukturplanung der RFID-Lesegeräte sowie die Planung der Anbringung der RFID-Transponder.

Die Gestaltung der RFID-gestützten *Sollprozesse* sollte auf Basis typischer Strategien der Prozessoptimierung vorgenommen werden. Dazu gehört, dass nicht wertschöpfende Aktivitäten reduziert, parallelisiert oder verlagert werden. Vor dem Hintergrund der RFID-Technologie bedeutet dies, dass automatische Lesevorgänge manuelle Prozessschritte ersetzen. Die neuen Prozesse sollten modular aufgebaut sein, um die Wiederverwendbarkeit der Prozessbausteine in den Prozessen und später auch bei der Softwarespezifikation zu gewährleisten. Dies ist bei den Lesevorgängen besonders sinnvoll, da zu den Leseprozessen in der Regel auch Fehlerprozesse definiert werden müssen, in denen auf den Fall einer Nicht-Lesung oder Falsch-Lesung reagiert wird – beispielsweise durch das Ersetzen des RFID-Transponders durch einen neuen und die damit einhergehende Neuzuordnung der Identifikationsnummer im System. Um die spätere Konzeption der Informationssysteme vorzubereiten, sollten Ausschnitte aus der Modellierung der physischen Prozesse zu bestimmten Anwendungsbereichen (beispielsweise in Form von UML-Anwendungsfalldiagrammen) zusammengefasst werden.

Die Konzeption des *Datenmanagements* geht über die reine Erstellung von Datenmodellen hinaus. Zuallererst muss die Entscheidung getroffen werden, welche Daten auf dem RFID-Transponder selbst gespeichert werden sollen. Dabei bieten sich grundsätzlich die drei Architekturoptionen Data-on-Tag, Data-on-Network und hybride Lösungen an. Diese unterscheiden sich darin, ob außer der Identifikationsnummer noch weitere benutzerdefinierte Daten auf dem RFID-Transponder gespeichert werden sollen oder diese Daten in Netzwerkdatenbanken über die Identifikationsnummer verknüpft sind (s. Abschnitt 2.3.2).

Bei der Auswahl der Identifikationsnummer reichen die Optionen von der Verwendung unternehmensspezifischer eindeutiger Identifikationsnummern bis zur Verwendung standardisierter Identifikationsnummern (z. B. durch die Vergabe von GS1). Dies hat insbesondere beim unternehmensübergreifenden Datenaustausch Vorteile. Die Auswahl der Identifikationsnummer ist u. a. abhängig von der Objektauswahl – so können in einem EPC Identifikationsnummern von Produkten, Versandeinheiten, wiederverwendbare Verpackungen und Transporthilfsmittel sowie logische und physische Geschäftseinheiten und Ortsangaben kodiert werden (s. Abschnitt 2.4.1. Wie bereits in Abschnitt 2.4.1 erklärt, setzten einer RFID-Studie aus dem Jahr 2008 zufolge derzeit 46% der befragten Handelsunternehmen einen EPC ein [110]. Interessanterweise verwenden weitere 31% der Unternehmen zwar einen EPC-konformen, aber nicht lizensierten EPC. Auf diese Art und Weise sparen die Unternehmen die Mitgliedsgebühren bei EPCglobal, sind aber gleichzeitig darauf vorbereitet den vollwertigen EPC einzusetzen, sobald ein Geschäftspartner derartige Voraussetzungen stellt.

Über die Art der Datenablage und über die Auswahl der Transponderdaten hinaus ist die Berücksichtigung der Anforderungen an die RFID-Daten für eine erfolgreiche Integration der RFID-Anwendung in die bestehende Systemlandschaft erforderlich. Dies betrifft die Aspekte Echtzeitanforderung, Datenaggregation, Datengenauigkeit, Datenschutz, Datensicherheit, Verschlüsselung und Datenarchivierung. Bezüglich der Echtzeitanforderungen ist zu klären, welche Lese- und Schreibgeschwindigkeiten in Kombination mit den Zugriffen auf das Netzwerk gewährleistet sein müssen. Ein Beispiel für den Einsatz von RFID in der

Materialflusstechnik eines Distributionszentrums kann diese Anforderung verdeutlichen: Wird aufgrund einer RFID-Lesung an einem Fließband entschieden, in welche Richtung das Objekt weitergeroutet werden soll, dann reicht die Zeit für eine Vollabfrage im ERP-System für die Entscheidungsfindung meist nicht aus. Diese Situation fordert – unter der Voraussetzung, dass die Geschwindigkeit des Fließbands nicht reduziert wird –, dass entweder die notwendigen Daten direkt auf dem RFID-Transponder oder näher an dem ausführenden Materialflusssystem (genannt „on the edge") gespeichert werden. Dazu könnten beispielsweise beim Beginn der Verarbeitung eines Auftrags die betroffenen Daten komplett in den Zwischenspeicher geladen und so die Zugriffszeit wesentlich verkürzt werden.

Bezüglich der Datenaggregation sind die Zwischenschritte von der rohen RFID-Lesung bis zur Speicherung bzw. Weiterverarbeitung der Daten zu konzipieren. Dies umfasst insbesondere die Konfiguration der RFID-Middleware sowie die Definition von aggregierten Ereignissen, die auf Basis der RFID-Lesungen erzeugt werden können. Für die Spezifikation der Informationssysteme stellen diese aggregierten Ereignisse beispielsweise Auslöser für einen nachfolgenden Prozessschritt dar. In der Analysephase wurden Anforderungen an die geplante Lesequalität festgelegt und Tests der Leseraten durchgeführt. Die Datengenauigkeit kann allerdings nicht nur mit technischen Maßnahmen, sondern auch softwaretechnisch unterstützt werden (beispielsweise mit Plausibilitätstests). Letztendlich sind die Maßnahmen zur Sicherstellung des Datenschutzes (s. Abschnitt 3.3), der Datensicherheit und Verschlüsselung sowie der Datenarchivierung festzulegen.

Der zentrale Schritt im Bezug auf das Datenmanagement liegt in der Erstellung der Datenmodelle (beispielsweise ER-Diagramm, UML-Klassendiagramm) für die RFID-Systeme auf allen Ebenen sowie für die zu ändernden Anwendungssysteme.

Eine weitere Herausforderung stellt der Umgang mit bereits bestehenden Identifikationssystemen dar. In der Entwurfsphase sollte daher ein *Migrationsplan von anderen Identifikationstechnologien* auf RFID entworfen werden. Dieser Plan kann vorsehen, die verschiedenen Technologien für begrenzte Zeit oder auch dauerhaft parallel zu nutzen. Bei bedruckbaren Etiketten mit RFID-Transpondern bietet sich der Aufdruck der bisher genutzten Informationen (z. B. des Barcodes) an. Während das parallele Betreiben der Technologien einen Beitrag zur Ausfallsicherheit leistet, werden die zu konzipierenden Prozesse komplexer.

In der *Spezifikation der Informationssysteme* werden die Anpassungen der bestehenden Systeme sowie die ggf. neu zu erstellenden RFID-spezifischen Systeme konzipiert. Dieser Entwurf ergibt sich direkt aus der Sicht der entworfenen Sollprozesse. Die entworfene Architektur und die Beschreibungen der einzelnen Systemkomponenten werden im Pflichtenheft dokumentiert. Bei der Spezifikation kommen gängige Methoden der Softwareentwicklung (z. B. UML-Modelle) zum Einsatz.

Bei der Spezifikation sollte ein besonderes Augenmerk auf die *Gestaltung der graphischen Benutzeroberfläche* gelegt werden. Die Benutzer des RFID-Systems können zum einen die Mitarbeiter im Unternehmen und zum anderen auch Kunden sein. Eine zielgruppengerechte Gestaltung ist für die Akzeptanz des RFID-Systems essentiell. Daher sollte der Umgang mit dem System über akustische Signale,

Darstellungen auf Bildschirmen und graphischen Elementen wie Ampeln benutzerfreundlich gestaltet werden.

Neben der Spezifikation der Anwendungssysteme ist die *Spezifikation der RFID-Middleware* ein typischer Bestandteil der Entwurfsphase, da über die Middleware die Filterung, Aggregation und Aufbereitung der rohen RFID-Lesungen bis zur Weiterverarbeitung durch andere Systeme geleistet wird (s. Abschnitt 2.2. In den meisten Fällen empfiehlt sich der Einsatz einer am Markt akzeptierten Standardsoftware, die dann für den unternehmensspezifischen Einsatz konfiguriert werden muss. Dabei ist einerseits auf die Kompatibilität zu der geplanten RFID-Hardware und andererseits zu den bestehenden Informationssystemen über bereitgestellte Schnittstellen zu achten. Bei einer geplanten Eigenentwicklung ist vor allem auf die Integration der Hardwarekomponenten zu achten – speziell was technische Änderungen und Updates angeht –, da die meisten Hardwareanbieter über Kooperationen mit Middleware-Anbietern verfügen.

Während der Sollprozessgestaltung werden die *RFID-Lesepunkte auf der Infrastrukturebene* geplant. Neben dem Layoutentwurf und den dazugehörigen Fragen wie Strom- und Netzwerkverkabelung, müssen die Anforderungen an die Art und Lage der Lesegeräte und Antennen jedes einzelnen Lesepunkts entworfen werden. In diesen Vorgang sollten die Geräte mit einbezogen werden, die unmittelbar mit der Funktionsweise der Lesegeräte zusammenhängen. Dies sind beispielsweise Signalampeln oder Lichtschranken zum Starten und Beenden des Lesevorgangs oder zur Bestimmung der Durchgangsrichtung. Darüber hinaus sollte ein Prozess für das kontinuierliche Lesegerätmanagement geplant werden, der für die Überwachung der Funktionsfähigkeit oder Qualitätsverschlechterung, für das Einspielen von Softwareupdates und für die Behebung von Störungen sowie Reparaturen zuständig ist.

Analog zur Konzeption der RFID-Lesepunkte muss die *Anbringung der RFID-Transponder auf den Objekten* geplant werden. Die Platzierung der Transponder auf den Objekten greift dabei auf die Ergebnisse aus der Analysephase zurück. Neben der Platzierung der RFID-Transponder auf den Objekten ist in diesem Zusammenhang auch die Platzierung der Objekte für den Lesevorgang gemäß den Analyseergebnissen zu spezifizieren. Parallel zum Lesegerätmanagement sollte ein Prozess für das RFID-Transponder-Management konzipiert werden, der das Aufbringen neuer oder das Ersetzen schadhafter RFID-Transponder, die Verwaltung der Identifikationsnummern, die Beobachtung der technischen Weiterentwicklungen und das Testen der Kompatibilität von alternativen Transpondern umfasst.

3.1.4 Realisierung

Das Ziel der Realisierungsphase liegt in der Implementierung der betriebsbereiten Lösung. Sie umfasst die Softwareentwicklung und Softwaretests sowie die Hardwarebeschaffung, Hardwareinstallation, Hardwarekonfiguration und Hardwaretests mit anschließenden Systemtests. Außerdem sollten die Schulungsmaterialien für die Bedienung des Systems erstellt und alle Ergebnisse dokumentiert werden.

Wie in der Entwurfsphase sind je nach Ausfall der Entscheidung für Eigenerstellung oder Fremdvergabe die Systempartner bei der Realisierung eingebunden. Die Realisierung gliedert sich grob in die Implementierung der Software und Hardware. Das Softwaresystem ist entsprechend des Pflichtenhefts auf der Datenebene, Middleware-Ebene und Ebene des Anwendungssystems zu realisieren und zu testen. Auf der Hardwareebene sind die erforderlichen RFID-Lesegeräte zu beschaffen, entsprechend dem Layoutplan zu installieren, gemäß der Testergebnisse zu konfigurieren und dann unter realen Bedingungen zu testen. Anschließend ist das Gesamtsystem mehreren Tests zu unterziehen, bevor die Abnahme bzw. Freigabe zur Einführung erteilt werden kann.

Die zu erstellenden Dokumentationen beziehen sich sowohl auf die technischen Systemdokumentationen als auch auf die funktionalen Benutzerhandbücher. Diese können als Ausgangspunkt für die zu entwickelnden Schulungsunterlagen dienen.

3.1.5 Einführung

Vor der Einführung der RFID-Anwendungen werden die geplanten Qualifizierungsmaßnahmen für die Stakeholder durchgeführt. Der Einführungsprozess selbst sollte strukturiert erfolgen, womit die Anwendungen in den kontinuierlichen Betrieb und die Wartung übergeht.

Bereits während der Analyse, Entwurfs- und Realisierungsphase wurden die in das Projekt einbezogenen Personen mit der Technologie und dem System vertraut gemacht. Vor der Einführung müssen nun für alle Benutzergruppen des RFID-Systems die geplanten Schulungsmaßnahmen zielgruppengerecht durchgeführt werden.

Die Strukturierung des Einführungsprozesses ist stark für den Anwendungsfall spezifiziert. Es kann sich bei der ersten Phase beispielsweise nur um ein Pilotprojekt handeln, welches parallel zu den bestehenden Prozessen realisiert wird. Das Pilotprojekt kann aber auch die erste Stufe des Roll-Outs darstellen, welcher sukzessive vorangetrieben wird.

Das Ziel ist die Überführung des Projekts in den regulären Betrieb. Von nun an sind an dem RFID-System so wie bei allen anderen Systemen die kontinuierlich laufenden Prozesse der Wartung (z. B. der Datensicherung, das Einspielen von Updates) und Instandsetzung der Hardware-Komponenten vorzunehmen.

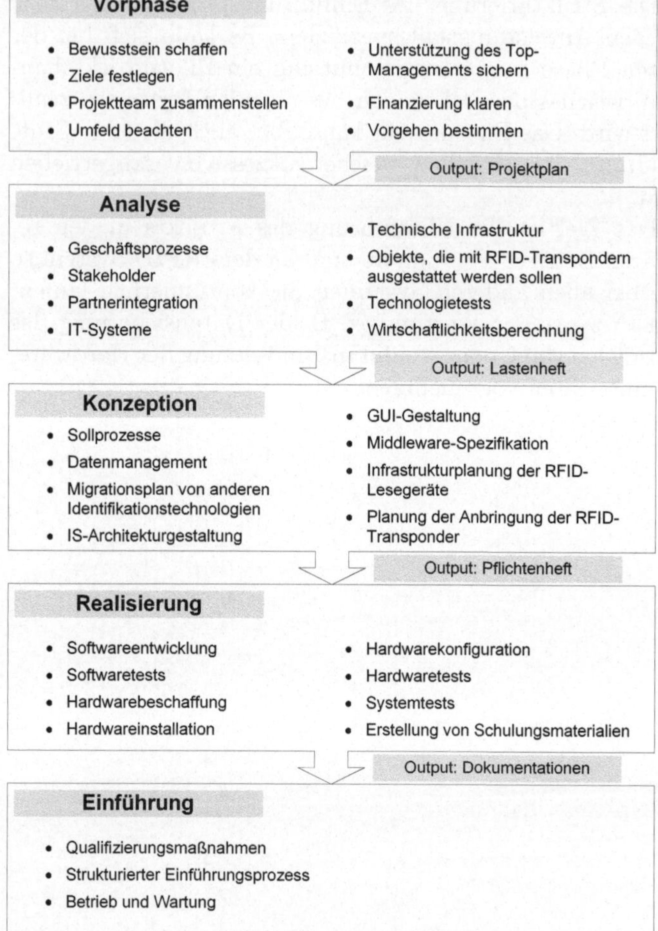

Abb. 3.2 Vorgehensmodell einer RFID-Einführung

3.2 Entscheidungsmethoden

Neben einem methodischen Vorgehen zur Einführung der RFID-Technologie sollte auch die Einführungsentscheidung methodisch fundiert getroffen werden. Als Entscheidungsgrundlage dient zumeist eine Wirtschaftlichkeitsanalyse, die während des Einführungsprozesses bei neuer Informationsgrundlage jeweils präzisiert wird. Besonders in der Anfangsphase, wenn Unternehmen sich für eine RFID-Einführung interessieren, sind noch keine ausreichenden Informationen für die Durchführung einer Wirtschaftlichkeitsanalyse vorhanden. In dieser Situation bietet sich der Einsatz von Potenzialchecks an. Beide Arten der Unterstützung zur Entscheidungsfindung über die Einführung von RFID-Technologie werden in den folgenden Abschnitten vorstellt.

3.2.1 Wirtschaftlichkeitsanalysen

Vor einer Investitionsentscheidung für die RFID-Technologie müssen als Entscheidungsgrundlage die erwarteten Kosten und Nutzen des Business Case bestimmt werden. Diese Kosten und Nutzen können entweder auf Basis vorhandener Erfahrung geschätzt oder mit gewisser Unsicherheit berechnet werden. Es existieren zahlreiche Bewertungsmethoden, die diese Aufgabe unterstützten. Einer aktuellen Studie zufolge greifen jedoch lediglich fünfzig Prozent aller befragten Unternehmen, die planen RFID einzusetzen oder bereits einsetzen, auf mindestens eine Bewertungsmethodik zurück [43]. Davon werden am häufigsten spezielle Prozesskennzahlen – z. B. die Prozessdurchlaufzeit – analysiert und Scoring-Verfahren eingesetzt. Diese können allerdings nicht als Grundlage für finanzielle Entscheidungen dienen. Die Total Cost of Ownership (TCO)-Analyse umfasst zumindest die Investitions- und Betriebskosten der RFID-Anwendung. Die Kapitalwertmethode liefert eine umfassende finanzielle Entscheidungsgrundlage, falls die Ein- und Auszahlungen für den gesamten Investitionszeitraum vorhergesagt werden können. Eine ausführliche Beschreibung dieser Methoden findet sich in [44].

Eine spezielle Herausforderung bei der finanziellen Bewertung von RFID-Anwendungen liegt in der Tatsache begründet, dass einige Nutzenarten schwer monetär zu bewerten sind [114], insbesondere wenn es sich um eine strategische Investition handelt. Um diese Abschätzung zu vereinfachen liegt eine Möglichkeit darin, in einem ersten Schritt nur die quantifizierbaren Kosten und Nutzen gegenüberzustellen. Bei einer Differenz mit höheren Kosten können sich die Entscheider nur die voraussichtlich leichter zu beantwortende Frage stellen, ob ihnen die nicht quantifizierbaren Vorteile mindestens so viel wie die ermittelte Differenz wert sind. Ein anderer Ansatz besteht im Einsatz eines punktebasierten Entscheidungsmodells. Dieses wird exemplarisch für die Einführung von RFID-Technologie in der Produktion vorgestellt [64], kann jedoch mit angepassten Kriterien auch für andere Anwendungsfelder adaptiert werden.

Teilweise werden Bewertungsmethoden auch mit integriertem RFID-Expertenwissen als Tools angeboten (vgl. Tabelle 3.2). Ein Beispiel dafür ist der MS-EXCEL-basierte „RFID Kalkulator“ von GS1 Germany und IBM, welcher die Abbildung einer ganzen Wertschöpfungskette und die Kosten-Nutzen-Analyse für jedes beteiligte Unternehmen ermöglicht. Als Nutzenart fokussiert der Kalkulator auf Effizienzsteigerung und Fehlervermeidung durch RFID.

Ein zweites Beispiel ist der „Auto-ID Kalkulator“, der vom Auto-ID Center entwickelt wurde. Dieses Online-Tool, welches Anwendungen in der Logistik fokussiert, ermöglicht einen schnellen finanziellen Überblick über den Einsatz von RFID.

Eine detailliertere Alternative ist der „RFID/EPC Benefits Calculator“, der gemeinsam vom Standford Global SCM Forum und dem Massachusetts Institute of Technology mit finanzieller Unterstützung von EPCglobal entwickelt wurde. Dieses Tool adressiert in der Wertschöpfungskette primär Händler und quantifiziert diverse Kosten- und Nutzenarten.

Im Rahmen des von der Stiftung Industrieforschung geförderten Forschungsprojekts „Costs and Benefits of RFID Applications (CoBRA)“ wurde ebenfalls ein MS-EXCEL-basiertes Werkzeug für die Wirtschaftlichkeitsbetrachtung von RFID-Applikationen entwickelt. Die Kalkulation umfasst die Bewertung von monetären und qualitativen Aspekten wie z. B. Qualität, Flexibilität oder Service. Das Kalkulationstool liefert nicht nur Kennzahlen der Investitionsrechnung, sondern integriert auch eine Monte Carlo-Simulation, einen Realoptionsansatz und einen Ansatz der Spieltheorie.

Ebenfalls gefördert von der Stiftung Industrieforschung wurde unter dem Projekttitel „RFID-spezifische Extended Performance Analysis zur umfassenden Bewertung von RFID-Investitionen (RFID-EPA)“ ein Instrument zur Wirtschaftlichkeitsbetrachtung vorgeschlagen. Zusätzlich zu den monetären Größen klassischer Verfahren werden nicht-monetär quantifizierbare sowie nicht-quantifizierbare Größen erfasst, über Ursache-Wirkungsbeziehungen miteinander in Verbindung gesetzt und der Einfluss durch verschiedene Verteilungsfunktionen simuliert.

Das dritte von der Stiftung Industrieforschung geförderte Projekt ist RFID-EAs (Assessment des RFID-Einsatzes anhand einer Kosten-Nutzenbewertung von RFID-Systemen für mittelständische Unternehmen). Der entwickelte RFID-Business Case Calculator verfolgt das Ziel, individuelle Anwendungsfälle abzudecken, zu bewerten und die Investitionsentscheidung zu unterstützen. Dafür werden als Technologieszenarien die Soll-Prozesse und das Mengengerüst eingegeben und anschließend für die Prozesse die Verbesserungspotenziale aus Nutzendimensionen mit individuellen oder vorkonfigurierten Berechnungsvorschriften ermittelt. Die qualitativen Potenziale werden bei der Entscheidungsvorlage gegenübergestellt.

3.2.2 Potenzialanalysen

Das Treffen einer informierten Investitionsentscheidung zur Einführung der RFID-Technologie erfordert bezüglich der Informationsbeschaffung meist einen großen Aufwand. Das Zeiteinsparungspotenzial, beispielsweise durch den Ersatz von manuellen durch automatische Lesevorgänge, sollte nicht einfach nur geschätzt, sondern möglichst unter realistischen Bedingungen gemessen werden. Steht ein Unternehmen noch ganz am Anfang der Frage nach einer RFID-Einführung, dann können Potenzialchecks eine sinnvolle Hilfestellung geben.

Tabelle 3.2 Softwarewerkzeuge für Wirtschaftlichkeitsbetrachtungen

Werkzeug	Internetadresse	Zugangsart
RFID/EPC Benefits Calculator	http://tinyurl.com/yblxeuj	kostenlos herunterladbar
Auto-ID Calculator	http://tinyurl.com/y98ruba	kostenpflichtig ab 2.610 Euro
RFID-Kalkulator	http://tinyurl.com/ybr24kv	Beschreibung des Werkzeugs
Cobra-Kalkulationstool	http://tinyurl.com/ya8eshz	kostenlos für nichtkommerzielle Nutzung nach Registrierung
RFID-EPA (Extended Performance Analysis)	http://www.rfid-epa.de/	auf Anfrage
RFID-Business Case Calculator	http://www.rfid-eas.net	Video-Tutorial und Leitfaden

Ein Beispiel für einen solchen Potenzialcheck ist der vom Bremer Institut für Betriebstechnik und angewandte Arbeitswissenschaften entwickelte RFID-Leitfaden (s. Kapitel 5). Interessierte Unternehmen geben dazu in (je nach Vorkenntnisse) bis zu 40 Fragen mit zumeist Auswahloptionen in einem Online-Formular ihre spezifischen Daten zu diversen Themenkomplexen ein – dem geplanten Anwendungsbereich, den organisatorischen sowie technischen Voraussetzungen im Unternehmen und ggf. die gewünschten RFID-Spezifikationen. Direkt anschließend wird die Auswertung angezeigt, die auch als PDF-Dokument heruntergeladen werden kann. In vielen Fällen werden zusätzlich zu einem erklärenden Text je nach abgegebener Antwort mit einer Ampel die positiven oder negativen Voraussetzungen graphisch unterlegt. Die Erwartungen an diese Art von Potenzialcheck sollten nicht zu hoch gesteckt werden – allerdings schärft diese Selbsteinschätzung das Bewusstsein für bestimmte Themen wie Prozessmodellierung, RFID-Integration in bestehende Systeme oder unternehmensübergreifende Zusammenarbeit.

Ein zweites Beispiel für einen Online-Potenzialcheck ist das vom Projekt Ko-RFID (Kollaboration in RFID-gestützten Wertschöpfungsnetzen) entwickelte Tool zum Potenzialcheck von RFID in unternehmensübergreifenden Anwendungen (s. Kapitel 5). Das Tool kann in Deutsch oder Englisch benutzt werden. Die Zuteilung einer anonymen ID ermöglicht das Ausfüllen des Fragebogens mit Unterbrechungen sowie das Speichern und erneute Betrachten der Ergebnisse. In einem ausführlichen Fragebogen müssen Informationen zum betrachteten Unternehmen und zur Wertschöpfungskette eingegeben werden. Die Fragen sind in die Kategorien Supply-Chain-Umfeld, Datenaustausch, RFID sowie unternehmensübergreifende Zusammenarbeit eingeteilt.

Die anschließende Empfehlung ist graphisch mit Flash-Technologie aufbereitet und somit nur online zu betrachten. Die Hintergrundinformationen und Empfehlungen gliedern sich in allgemeine Faktoren, der Nutzen von RFID-Technologie sowie die strategische Ausrichtung der Wertschöpfungskette. Auch bei diesem Potenzialcheck werden die einzelnen Kategorien mit ausführlichen Erklärungen beschrieben. Die Besonderheit an diesem Tool liegt darin, dass nicht nur die eigenen abgegebenen Antworten herangezogen werden, sondern außerdem ein Feedback durch eine vergleichende Auswertung der bereits abgegebenen Antworten bereitgestellt wird. Diese vergleichenden Antworten können im Hinblick auf Unternehmen der gleichen Branche oder der gleichen Position in der Wertschöpfungskette gefiltert werden. Als Positionen der Wertschöpfungskette stehen hierbei Hersteller, Logistikdienstleister und Händler zur Verfügung.

3.3 Datenschutz

Die Verbreitung der RFID-Technologie in der Wertschöpfungskette ist zum größten Teil auf lokal abgeschlossene Anwendungen während der Herstellung von Komponenten und Produkten sowie auf Umverpackungsebene in der Logistik beschränkt. Zukünftig wird erwartet, dass sich RFID zunehmend auf Einzelteilebene durchsetzt und somit der Verbraucher intensiver in den direkten Kontakt zur Technologie tritt.

Die Eigenschaften der RFID-Technologie, individuelle Instanzen auf Distanz ohne Sichtkontakt unbemerkt zu identifizierten, wirft dabei eine Reihe an Risiken auf, denen sich Konsumenten ausgesetzt sehen [92], [106]. Diese Risiken können u. a. sein: die Angst vor dem unbemerkten und ungewollten Auslesen des persönlichen Besitzes durch Dritte, welches u. a. eine Profilbildung über die persönlichen Vorlieben erlaubt; die Angst vor der Verfolgung von Personen mit der Möglichkeit Bewegungsprofile zu erstellen und den Aufenthaltsort feststellen zu können; die Angst vor der Möglichkeit soziale Beziehungen ableiten zu können; der Angst vor technologischer Bevormundung, vor der langfristigen Zuordnung von Objekten zu Personen und Probleme in Bezug zur Verantwortung für diese Objekte.

Zusammengefasst fürchten sich die Menschen vor dem Verlust der informationellen Selbstbestimmung, ihrer Privatsphäre und der Kontrolle über die Technologie [118].

Dies erklärt auch die breite öffentliche Diskussion, die primär durch negative Schlagzeilen geprägt wurde. Häufig zitiert werden dabei folgende RFID-Initiativen von Unternehmen, die aufgrund des öffentlichen Drucks, erzeugt von Verbraucherschutzorganisationen sowie der medialen Berichterstattung, eingestellt wurden [76], [104], [118]: der Abbruch der RFID-Einführung auf Textilien von Benetton, der Stop eines Pilotprojekts zur automatisierten Inventur in den Verkaufsräumen des Einzelhändlers Wal-Mart, der Ausstattungsstop von Rasierklingen von Gillette mit RFID-Transpondern in Zusammenhang mit der Diebstahlprävention des Einzelhändlers Tesco sowie der Austausch von RFID-basierten Kundenkarten des Handelskonzerns Metro.

Vor dem Hintergrund der aktuellen rechtlichen Situation sind personenbezogene Daten durch das Grundrecht auf informationelle Selbstbestimmung und das Bundesdatenschutzgesetz geschützt [54], [72], [69]. Daher gelten die Vorschriften zur Transparenz und Unterrichtung der Betroffenen, zur Zweckbindung und Erforderlichkeit sowie der Grundsatz der Datensparsamkeit. Die Erhebung, Verarbeitung und Nutzung personenbezogener Daten sind nur nach vorheriger Einwilligung der Betroffenen oder für die Abwicklung eines Vertragsverhältnisses möglich.

Die angeführten Regelungen gelten allerdings nur, wenn auch tatsächlich personenbezogene Daten betroffen sind oder zumindest ein Personenbezug ermittelt werden könnte. Letzteres betrifft den Kauf von mit RFID-Transpondern ausgestatteten Produkten unter dem Einsatz einer Kundenkarte oder der Bezahlung mit EC- oder Kreditkarte.

Aktuelle Forschungsbeiträge zeigen allerdings, dass in einer zukünftigen Welt der ubiquitären Informationsverarbeitung – wenn RFID-Technologie auf Verbraucherprodukten allgegenwärtig wird – das geltende Datenschutzrecht angesichts der neuen Herausforderungen an seine Grenzen stößt [88]. Der Grund dafür liegt darin, dass bei einer zunehmenden Vernetzung der RFID-Infrastruktur und privater sowie öffentlich angebotener Informations- und Kommunikationssysteme die Rollen zwischen den Betroffenen und den Datenverarbeitern verschwimmen und letztendlich keine für den Datenschutz verantwortliche Stelle mehr bestimmt werden kann.

Um auf diese Situation vorbereitet zu sein, hat sich insbesondere die Europäische Union mit dem Schutz der Privatsphäre bei RFID-Anwendungen beschäftigt [72] und nach zweijähriger Beratungszeit im Mai 2009 die „Commission Recommendation on the implementation of privacy and data protection principles in applications supported by radio-frequency identification“ herausgegeben [27]. Eine wichtige Forderung der Empfehlung ist die Entwicklung einer Methodik zur Durchführung von Abschätzungen der Folgen des Datenschutzes. Mittels dieser Abschätzung sollen die Risiken für private Daten und die Privatsphäre für jede Anwendung vorab bestimmt und mindestens sechs Wochen vor Einführung einer Anwendung bekannt gegeben werden.

Darüber hinaus soll bei der Verwendung von RFID-Technologie im Handel ein Einwilligungsprinzip (Opt-in) umgesetzt werden, welches bedeutet, dass Kunden ihr Einverständnis geben müssen, RFID-Transponder an Produkten funktionsfähig zu lassen. Ansonsten müssen die RFID-Transponder umgehend, kostenlos und nachprüfbar entweder entfernt oder deaktiviert werden.

Die Transparenz und Information zur RFID-Nutzung soll einerseits über ein zu erstellendes europäisch einheitliches Logo und andererseits über eine präzise, verständliche Beschreibung der RFID-Anwendung erreicht werden, welche die Kontaktdaten des Betreibers, den Zweck der Anwendung, die Art der verarbeiteten (persönlichen) Daten, eine Zusammenfassung der Folgenabschätzung sowie mögliche Risiken und Gegenmaßnahmen enthält.

Unabhängig von der Empfehlung der Europäischen Union wurden in einer Reihe von Studien, Forschungsprojekten, Leitfäden und sonstigen Veröffentlichungen Maßnahmen vorgeschlagen, wie Unternehmen die Sicherstellung des Datenschutzes bei RFID-Anwendungen gewährleisten können. Tabelle 3.3 gibt einen Überblick über eine Auswahl derartiger Empfehlungen.

Die in der Literatur vorgeschlagenen Maßnahmen lassen sich grundsätzlich in organisatorische und technische Maßnahmen unterteilen. In die Kategorie der organisatorischen Maßnahmen sollten sich Unternehmen an folgenden Handlungsempfehlungen orientieren:

- Vor der Einführung einer RFID-Anwendung, die personenbezogene Daten verarbeitet, sollte geprüft werden, ob das angestrebte Ziel auch ohne Verarbeitung personenbezogener Daten oder ob es mit ganz anderen Möglichkeiten erreicht werden kann.
- Eine Technikfolgenabschätzung hinsichtlich des Datenschutzes sollte durchgeführt werden, um die Risiken für die Rechte der Betroffenen bewerten zu können.
- Die Transparenz über die in der RFID-Anwendung verarbeiteten Daten ist herzustellen und betroffene Personen sind gemäß der EU-Empfehlung umfassend zu informieren.
- Mit RFID-Transpondern ausgestattete Produkte sowie zum System gehörende Lesegeräte sind zu kennzeichnen (zukünftig mit dem einheitlichen europäischen RFID-Logo).
- Es sollte eine vertrauenswürdige dritte Partei (z. B. Verbraucherschutzorganisationen oder Datenschutzbeauftragte) in RFID-Projekte eingebunden werden. Dies kann in Form von Datenschutzaudits oder der Vergabe eines Gütesiegels geschehen.
- Mittels Selbstverpflichtungserklärungen, in denen sich Unternehmen zu einem über die gesetzlichen Vorgaben hinausgehenden Schutzniveau verpflichten, kann das Vertrauen in die RFID-Anwendung gesteigert werden.
- Die Grundsätze der Zweckgebundenheit, Datensparsamkeit und der Erforderlichkeit sind zu berücksichtigen. Die Menge personenbezogener Daten muss demnach so gering wie möglich sein.

- Die personenbezogenen Daten dürfen nur so lange gespeichert werden, wie sie zur Zweckerreichung erforderlich sind.

Neben diesen organisatorischen Maßnahmen sind auch technische Maßnahmen zu ergreifen, um den Schutz personenbezogener Daten sicherzustellen. In einer Studie vom Bundesamt für Sicherheit in der Informationstechnik wurde die Bedrohungslage von Sicherheitsangriffen auf RFID-Systeme bewertet und gängige Sicherheitsmaßnahmen analysiert [90]. Diese Maßnahmen überschneiden sich teilweise mit Technologien zur Förderung des Datenschutzes (Privacy-Enhancing Technologies: PET). In einer Literaturstudie zu derartigen Technologien wurden 218 Publikationen zu diesem Thema untersucht und in die folgenden Kategorien eingeteilt: ob sie Datenschutz durch Deaktivierung des RFID-Transponders, auf physikalische Weise oder durch Vorkehrungen des Benutzers, eines Agenten oder direkt auf dem RFID-Transponder erreichen [104].

Die gesammelten technischen Maßnahmen zur Sicherstellung der Datensicherheit und des Datenschutzes lauten folgendermaßen:

- mit einer physikalischen Abschirmung den Schutz eines RFID-Transponders vor ungewolltem Auslesen gewährleisten,
- die Kommunikation der RFID-Transponder mit Lesegeräten durch einen Blocker-Tag oder Störsender zu unterbinden,
- eine sichere Verschlüsselung der Daten im RFID-System und den anderen beteiligten Informationssystemen sicherstellen,

- eine Verschlüsselung der Daten auf dem RFID-Transponder anbieten (z. B. mittels eines Hash-Lock-Verfahrens),
- eine wirksame Authentisierung der beteiligten Geräte implementieren,
- die Blockierung, Deaktivierung, Löschung oder Entfernung von RFID-Transpondern ermöglichen, zusammen mit der Option, die Deaktivierung von Transpondern zu kontrollieren,
- im Endverbraucher-Bereich die Auslesung der RFID-Transponder aus größerer Distanz technisch unterbinden.

3.4 Unternehmensübergreifender Einsatz von RFID

Das größte Potenzial des Einsatzes von RFID-Technologie wird in wertschöpfungskettenübergreifenden Anwendungen gesehen. Die Gründe hierfür liegen in erster Linie in der gesteigerten Visibilität einer unternehmensübergreifenden Lösung [16]. Bei Netzwerktechnologien wie RFID ist der durch die Anwendung generierte Nutzen von der Diffusion der Technologie im Netzwerk und damit von der Anzahl der in der Anwendung integrierten Partner abhängig [109].

Neben den zusätzlichen technischen und organisatorischen Herausforderungen ermöglichen unternehmensübergreifende RFID-Anwendungen eine Kostenreduzierung für das einzelne Unternehmen; zum einen durch die Verteilung der Kosten auf eine größere Anzahl an Akteuren und zum anderen durch die Mehrfachverwendung ein und desselben

Tabelle 3.3 Vorschläge zur Sicherstellung des Datenschutzes

Autor bzw. Hrsg.	Titel	Inhalt	Verweis
Datenschutzbeauftragte des Bundes und der Länder	Orientierungshilfe „Datenschutzgerechter Einsatz von RFID“	Datenschutzrisiken, Rechtliche Rahmenbedingungen, Handlungsempfehlungen, Kontrollfragen	[1]
EICAR e.V.	Leitfaden: RFID und Datenschutz	Datenschutzrechtliche Aspekte, Datenschutzrechtliche Bewertung	[18]
Frédéric Thiesse	Die Wahrnehmung von RFID als Risiko für die informationelle Selbstbestimmung	Analyse der öffentlichen Diskussion, Privacy-Strategie	[118]
Informationsforum RFID e.V.	RFID: Rechtliche Dimensionen der Radiofrequenz-Identifikation	Rechtliche Bewertung, Rechtspolitische Debatte mit Vorschlag zur Optimierung des Schutzinstrumentariums	[54]
OECD	Radio Frequency Identification (RFID): A Focus on Information Security and Privacy	Privacy-Herausforderungen, Privacy-Schutzmaßnahmen	[92]
RFID Support Center	Datenschutz bei RFID-Anwendungen	Rechtliche Aspekte, Expertenmeinungen, Querschnittsstudie, Checkliste	[99]
ULD Schleswig-Holstein, IWI HU Berlin	TAUCIS – Technikfolgenabschätzung Ubiquitäres Computing und informationelle Selbstbestimmung	Datenschutzrechtliche Risiken, Technische und organisatorische Lösungen, Handlungsempfehlungen zur Gewährleistung der informationellen Selbstbestimmung	[7]

Transponders über mehrere Wertschöpfungsstufen. Soll der Wert des Nutzens ermittelt werden, muss demnach zwischen dem Einzelnutzen und dem Systemnutzen unterschieden werden.

Die Teilnahme jedes einzelnen Partners kann entscheidend für den Gesamtnutzen des Systems sein. Bei der Implementierung von RFID beispielsweise in der textilen Wertschöpfungskette wird der größte Nutzen in Läden des Handelsunternehmens realisiert. Hier werden schon frühzeitig Informationen für die Produktüberwachung auf Einzelteilebene in der Verkaufsfläche verfügbar gemacht. Der Systemnutzen steigt durch die Integration weiterer Wertschöpfungsstufen, da die Materialflusssteuerung aufgrund höherer Informationsqualität und früherer Informationsverfügbarkeit effektiver wird. Die Grundlage dafür ist, dass der Transponder schon beim Lieferanten angebracht wird, der jedoch kaum von der Gesamtanwendung profitiert [40]. So entsteht eine Diskrepanz zwischen dem Ort, an dem die Kosten entstehen und dem Ort, an dem der Nutzen tatsächlich eintritt. Dem benachteiligten Partner – in diesem Fall der Lieferant – fehlt damit die Motivation sich zu beteiligen. Das wiederum gefährdet den Systemnutzen.

Angestrebt werden sollte eine Kosten-Nutzen-Aufteilung mit einer gerechten Aufteilung der Ressourcen und Belastungen unter den Netzwerkpartnern. Gerechtigkeit setzt nicht zwangläufig eine Gleichverteilung voraus. Besonders wichtig ist der Einfluss der herrschenden Machtverhältnisse, da diese dazu führen könnten, dass der Teilnehmer mit dem größten Einzelnutzen sich nicht unbedingt am meisten an den Kosten beteiligt. Vielmehr geht es darum, allen Beteiligten in unterschiedlichen Facetten gerecht zu werden, damit diese das Netzwerk nicht verlassen und langfristig aktiv teilnehmen. Besonderes wichtig ist die Einhaltung der herrschenden Machtverhältnisse, die einen großen Einfluss auf die subjektive Wahrnehmung des Einzelnen haben können.

Ergebnisse aus der Analyse von sechs Fallstudien zum Einsatz von RFID bei produzierenden Unternehmen verdeutlichen den Bedarf nach einer Aufteilung von Kosten und Nutzen [47]. Auch die Politik fordert eine engere Kooperation der Wertschöpfungskettenteilnehmer, die letztendlich zu einer Win-win-Situation und zu Modellen der Kostenaufteilung führen kann [8]. Dabei wird vorgeschlagen, dass die Modelle zur Kostenaufteilung aus Pilotprojekten abgeleitet werden sollen. Andere Studien zeigen im Einklang, dass alternative Modelle zur Situation, in der der Hersteller den Großteil der Kosten trägt, das Problem der gemeinsamen Investitionen lösen könnten, aber bislang nicht genutzt werden [134].

Das größte Problem bei den meisten in der Literatur vorgeschlagenen Modellen sind die restriktiven Annahmen, die getroffen werden müssen, um die Problemstellung quantitativ modellieren zu können. Im ersten derartigen Beispiel wird ein Modell zur Aufteilung der Transponder-Kosten zwischen einem Hersteller und Händler entwickelt und auf die Optimierung des Gesamtnutzens der Wertschöpfungskette vor dem Hintergrund verschiedener Machtkonstellationen untersucht [41].

Im zweiten Beispiel wird der Einfluss von RFID bei den individuellen und gemeinsamen Berechnungen zur optimalen Bestelllosgröße berechnet und ebenfalls vor dem Aspekt eines entweder dominanten Zulieferers oder Abnehmers betrachtet [14]. In beiden Fällen ist die Anwendung der Modelle zur Entscheidungsfindung in der Praxis nur eingeschränkt nutzbar.

Im Gegensatz zu diesen quantitativen Modellen wird in den qualitativen Modellen für eine Kosten-Nutzen-Aufteilung in unternehmensübergreifenden RFID-Anwendungen weniger Wert auf die Berechnung bzw. Optimierung der Ausgleichszahlung gelegt, stattdessen werden praktikable Hinweise wie verschiedene Kategorien an Ausgleichsleistung sowie eine Kombination dieser Ausgleichsleistungen im Lebenszyklus der RFID-Anwendung gegeben [6].

Ein etwaiger Ausgleich kann allgemein in die Kategorien monetärer, materieller und immaterieller Ausgleich aufgeteilt werden (vgl. Tabelle 3.4).

Tabelle 3.4 Kategorisierung von Ausgleichsleistungen

Kategorie	Unterkategorie bzw. Kommentar
1. Monetärer Ausgleich	Zuschüsse (Kostenausgleich) Beteiligungen (Nutzenausgleich)
2. Materieller Ausgleich	Überlassung von Hardware (Transponder, Infrastruktur etc.) Überlassung von Software Überlassung personeller Ressourcen Etc.
3. Immaterieller Ausgleich	Netzwerkteilnahme Informationsüberlassung (Plan-, Abverkaufsdaten) Schulung Prestigegewinn Wissenstransfer Vertragsgestaltung (Laufzeit, Konditionen etc.) Integrationsleistung (Hard- und Software) Etc.

Zu den monetären Ausgleichsleistungen werden alle Leistungen gezählt, die mit einem Finanzstrom verknüpft sind. Einerseits sind dies Ausgleichzahlungen für die durch die RFID-Anwendung entstehenden Kosten. Dazu zählen einmalige finanzielle Zuschüsse für die Finanzierung der für die Anwendung notwendigen Komponenten, Beteiligungen an den laufenden Kosten der Anwendung sowie die Zahlung von höheren Preisen für die unter Verwendung der Technologie erbrachte Leistung. Andererseits sind es Beteiligungen an dem erwirtschafteten Nutzen in Form von Einmal- oder Mehrfachzahlungen.

Zu den materiellen Ausgleichsleistungen gehören die Ausgleichsleistungen, die eine Überlassung von materiellen Gütern beinhalten. Diese können in die dauerhafte oder begrenzte Überlassung bzw. gemeinsame Nutzung von Hardware und Software untergliedert werden. Die Leistungen können alle Komponenten einer RFID-Anwendung, d. h. Transponder, Lesegeräte, Middleware und Anwendungssoftware, umfassen. Die Weitergabe von materiellen Gütern setzt ein gewisses Maß an Partnerbindung voraus und lässt sich daher nur schwer in volatilen Beschaffungsmärkten anwenden.

Unter der dritten Kategorie, dem immateriellen Ausgleich, werden alle Ausgleichsleistungen zusammengefasst, die weder einen Finanzstrom noch das Überlassen von materiellen Gütern beinhalten. Beispiele von immateriellen Leistungen sind die temporäre Überlassung von Mitarbeitern oder die Organisation von Schulungen, aber auch die Weitergabe von Daten oder das Eingehen einer längerfristigen Bindung. Auch die generelle Qualifizierung als Partner oder das Erheben in den Status als bevorzugter Partner zählen zu den immateriellen Leistungen.

Im Abschnitt 3.1 wurde in der Einführungsphase die Möglichkeit diskutiert, ein Pilotprojekt durchzuführen. Betrachtet man die drei Phasen Pilot, Anlauf und Betrieb ist die Relevanz der im vorangegangenen Abschnitt identifizierten Ausgleichsleistungen in allen Phasen gegeben. Die konkrete Ausgestaltung ist jedoch meist abhängig von der Lebenszyklusphase, in der sich die RFID-Anwendung befindet. Im Folgenden soll der dynamische Charakter der Kosten-Nutzen-Aufteilung in den drei Phasen näher betrachtet werden.

Der Pilotbetrieb bietet den Anwendern die Möglichkeit die RFID-Technologie unter Realbedingung zu testen, um zum einen die technische Machbarkeit und zum anderen die getroffenen Annahmen über Nutzeneffekte zu verifizieren. Die Erwartungen einzelner Beteiligter hinsichtlich des eigenen Nutzens und des der Anderen divergiert oftmals. Ist einer der Akteure aufgrund einer pessimistischen Selbsteinschätzung nicht bereit an der Anwendung zu partizipieren, können diesem von den Treibern der Anwendung Anreize geboten werden – von den vorgestellten Ausgleichsarten wird jedoch nicht gleichermaßen Gebrauch gemacht. In der Pilotphase ziehen Unternehmen eine Kombination aus materiellen und immateriellen Leistungen einem finanziellen Ausgleich vor. Materielle Leistungen werden in Form von technischer Grundausstattung sowie der Bereitstellung der Transponder erbracht. Bei den immateriellen Anreizen handelt es sich neben einer verbesserten Kundenbeziehung zudem um das Angebot konkreter Beratungsleistungen.

Nach Abschluss der Pilotphase wird eine Entscheidung getroffen, ob der RFID-Einsatz weiter ausgedehnt oder aber eingestellt werden soll. Durch die in der Pilotphase gesammelte Erfahrung kann einerseits die Nutzenabschätzung konkretisiert und damit das Risiko für die bevorstehende Einführung minimiert werden. Andererseits wurden Teile der Investitionen in Hardware, Software und deren Integration bereits getätigt. Auf der Basis der Fakten über entstandene Kosten und realisierten Nutzen kann erneut eine Wirtschaftlichkeitsbetrachtung durchgeführt werden, deren Aussagesicherheit die der Anfangsphase bei weitem übersteigt. Zudem kann die gewonnene Erfahrung dazu eingesetzt werden, bei den beteiligten Unternehmen weitere Einsatzpotenziale zu identifizieren bzw. im Falle der Dienstleister weitere Kunden zu akquirieren. Aus diesen Gründen erwarten die Initiatoren einer solchen Anwendung in der Phase des Anlaufs von ihren Partnern eine Beteiligung an den Kosten der Ausweitung. Ein materieller Ausgleich wird daher in dieser Phase nicht praktiziert. Immaterielle Anreize in Form einer erhöhten Kundenbindung und -zufriedenheit bleiben jedoch bestehen. Zudem zeigen die Unternehmen die Bereitschaft, ihren Partnern zusätzlich entstehenden Aufwand, z. B. für das Ausstatten von Gütern mit Transpondern, sowie zusätzlich angebotene Dienstleistungen, z. B. eine Warenverfolgung in Echtzeit, regulär zu vergüten und somit einen finanziellen Ausgleich zu leisten.

In der auf die Anlaufphase folgenden Produktivphase werden meist mehrere Vertragszyklen durchlaufen. Da die ursprüngliche Vereinbarung über den Kosten-Nutzen-Ausgleich meist nur für den ersten dieser Zyklen getroffen wird, ist die Kosten-Nutzen-Aufteilung der nächsten Zyklen Bestandteil der folgenden Vertragsverhandlungen. Bei diesen kann nun eine risikofreie Aussage über die tatsächliche Kosten-Nutzen-Situation getroffen werden. Auf dieser Basis wird verhandelt, wie der durch den Beteiligten entstehende Nutzen vergütet werden kann. Hierfür kommt, wie auch in der Anlaufphase, neben immateriellen Leistungen monetäre Zahlung in Abhängigkeit der entstehenden Kosten und des dadurch generierten Nutzens in Frage. Zu diesem Zeitpunkt handelt es sich dann jedoch nicht mehr um einen Kosten-Nutzen-Ausgleich, sondern um die in einem Vertrag festgehaltene Vergütung einer Zusatzleistung.

Kapitel 4
Erfahrungen von RFID-Anwendern

In den bisherigen Kapiteln wurde einerseits die RFID-Technologie und anderseits die Einführung von RFID in Unternehmen beschrieben. Dieses Kapitel ist den Erfahrungen bei der Implementierung von RFID-Projekten in der Praxis gewidmet.

Die Autoren dieses Buches konnten während des dreijährigen Verbundprojekts „Ko-RFID: Kollaboration in RFID-gestützten Wertschöpfungsnetzen“ die RFID-Einführung bei den Praxispartnern aktiv begleiten.

Vor der Teilnahme an Ko-RFID beschäftigte sich die Gerry Weber International AG bereits im Jahr 2003 zusammen in einem Pilotprojekt mit der Kaufhof Warenhaus AG mit der Technologie RFID [79], [80], [81], [115]. Im Rahmen des Projekts Ko-RFID wurde dann die Ausstattung aller Bekleidungsstücke mit RFID-Transpondern untersucht [6], [49], [46], [89], [125], [126].

Die Gustav Wellmann GmbH & Co. KG ist ein Hersteller von Küchenmöbeln und untersuchte im Rahmen dieses

G. Tamm, C. Tribowski, *RFID*, Informatik im Fokus,
DOI 978-3-642-11460-1_4,

Projekts die Ausstattung von Schrankfronten und weißer Ware mit RFID-Transpondern [46], [103], [127], [128].

Die im Folgenden beschriebenen Erfahrungen basieren auf den genannten Publikationen. Die Struktur gliedert sich in eine kurze Beschreibung des Unternehmens und der Ausgangslage, der Beschreibung des RFID-Einsatzgebiets, des erwarteten Nutzens der RFID-Einführung, die Bedeutung der RFID-Daten für die Entscheidungsunterstützung im Rahmen eines Supply Chain Event Managements sowie der gesammelten Erfahrungen.

Der besondere Fokus auf die logistischen Prozesse in beiden Fallstudien ist der Tatsache geschuldet, dass das Projekt Ko-RFID im Programm „next generation media“ im Innovationsfeld „Logistik“ angesiedelt war. Anhand der verschiedenen Branchen wurde untersucht, welche Bedeutung die Informationsversorgung mit RFID-Daten für das Konzept des Supply Chain Event Managements hat.

Das Konzept verfolgt das Ziel, ohne vermeidbaren Zeitverzug auf in der Wertschöpfungskette eintretende kritische Ereignisse, sogenannte Events, adäquat zu reagieren, um so die Auswirkungen auf die Supply Chain so gering wie möglich zu halten [5]. Die durch RFID verbesserte Informationsbasis leistet einen besonderen Beitrag bei der Identifikation von Ereignissen und Handlungsalternativen. Durch das RFID-gestützte Tracking des Güterflusses in der Wertschöpfungskette und den Vergleich dieser Ist-Daten mit den geplanten Soll-Daten kann die Erkennung von kritischen Ereignissen nahezu in Echtzeit ablaufen. Wenn Entscheidungsträger über kritische Ereignisse informiert worden sind, kann ein Informationssystem ihnen Handlungsalternativen bereitstellen, die Auswirkungen der Alternativen simulieren und somit die erwarteten Konsequenzen abschätzen. Da diese Handlungsalternativen auch wieder auf der Güte und Aktualität der Information basieren, leisten hier RFID-Daten einen besonderen Beitrag.

4.1 RFID in der Textilbranche am Beispiel der Gerry Weber International AG

Die Gerry Weber International AG (Gerry Weber) ist ein weltweit agierender Mode- und Lifestyle-Konzern, der sich in den vergangenen Jahren vom reinen Damenoberbekleidungshersteller zum Lifestyle-Anbieter mit fünf Marken und mehreren Lizenzlinien entwickelt hat. Ebenso hat Gerry Weber in den vergangen Jahren die Vertikalisierung des Geschäftsmodells vorangetrieben und ist mittlerweile mit mehr als 300 Houses of Gerry Weber auch als Einzelhändler bzw. Franchise-Geber aktiv.

4.1.1 Ausgangslage

Bereits in den Jahren 2003/2004 beschäftigte sich Gerry Weber zusammen mit Kaufhof sowie Forschungs- und Technologiepartnern in einem Pilotprojekt mit der RFID-Technologie.

Während des Tests wurden in zwei Logistikzentren und zwei Filialen 5000 mit RFID-Transpondern der Frequenz 13,56 MHz ausgestattete Bekleidungsstücke mit stationären und mobilen RFID-Lesegeräten identifiziert.

Die Ziele des Pilotprojekts lagen einerseits in der Prüfung der technischen Machbarkeit und andererseits in der Einschätzung der zu erwartenden Nutzenpotenziale von RFID sowie der Erstellung einer Wirtschaftlichkeitsbetrachtung. Die quantitativ zu ermittelnden Vorteile durch RFID bei Gerry Weber liegen in einem geringeren Arbeitsaufwand bei der Wareneingangs- und -ausgangskontrolle sowie im Kommissionierprozess durch die automatische Mengenkontrolle. Durch die automatische Erfassung der kommissionierten Artikel konnten zudem die Falschlieferungen reduziert werden.

Bei Kaufhof verteilen sich die quantifizierbaren Potenziale ziemlich gleichmäßig einerseits auf die Effizienzsteigerungen im Distributionszentrum durch Optimierung des Wareneingangs und der Kommissionierung und andererseits auf die Zeiteinsparungen an der Kasse sowie bei der viermal jährlich stattfindenden Inventur in den Filialen.

4.1.2 RFID-Einsatzgebiet

Das Distributionsnetz von Gerry Weber beginnt mit der Produktion der Bekleidungsstücke in Fernost, der Türkei sowie Osteuropa und erstreckt sich über verschiedene Distributionszentren bis zu den Verkaufsstellen. Das Einsatzgebiet von RFID liegt in der Ausstattung der Bekleidungsstücke mit einem RFID-Transponder und der Nutzung der RFID-Technologie auf allen Stufen der beschriebenen Wertschöpfungskette.

Aufgrund der Entwicklung der letzten Jahre werden, statt der HF-Etiketten im Pilotprojekt, RFID-Transponder mit einer Betriebsfrequenz im UHF-Band eingesetzt. Ursprünglich war dabei geplant, die RFID-Transponder in Sicherheitsetiketten zum Diebstahlschutz zu integrieren. Dies war erforderlich, da ein geschlossener Kreislauf mit Mehrfachverwendung der Transponder die Wirtschaftlichkeit verbessert hat. Vor dem Hintergrund der fallenden Transponderstückpreise wurde die Entscheidung zur Nutzung von Einwegtranspondern getroffen.

Anfang 2007 fand die Ausschreibung des RFID-Projekts statt, bei der sich IBM als Generalunternehmen durchsetzte. Als weitere Unternehmen sind OAT Systems für die RFID-Middleware, Intermec Technologies für die RFID-Handhelds, Checkpoint Systems für die RFID-Mehrwegtransponder, Portale und -Packtische sowie SALT Solutions für die softwaretechnische Umsetzung der Filialprozesse beteiligt.

Aufgrund der Komplexitäts- und Risikoreduzierung hat sich Gerry Weber zu einem mehrstufigen Vorgehen entschieden. In der ersten Phase wurde die Gesamtlösung konzipiert, entwickelt, getestet und erprobt. Für die Erprobung wurden ab April 2008 zwei Verkaufsstätten sowie alle sechs Distributionszentren in Europa mit der Lösung ausgestattet. Für Gerry Weber bedeutet die Risikoreduktion, dass nach den gesammelten Erfahrungen in jeder Stufe über die Fortführung des Projekts entschieden wird. Bei einer positiven Evaluation werden in der nächsten Stufe alle Verkaufsstätten in das Projekt einbezogen. In der darauf folgenden Stufe wird das RFID-Projekt auf jeweils ein Distributionszentrum in Fernost sowie der Türkei ausgeweitet, bevor abschließend alle internationalen Distributionszentren und große Produzenten in das Projekt einbezogen werden.

4.1.3 Nutzen der RFID-Einführung

Die erwarteten Nutzen der RFID-Einführung bei Gerry Weber konnten in der Erprobungsphase bestätigt werden. Durch die Beschleunigung der Zähl- und Identifikationsprozesse bzw. durch die Kombination von RFID mit der Warensicherung können Kosten- und Zeiteinsparungen erzielt werden.

Eine verbesserte Lieferqualität wurde durch die Überwachung der Kommissionierqualität erreicht, so dass Fehl- und Falschlieferungen reduziert werden konnten.

Durch eine verbesserte Transparenz über den Bestand auf der Ladenfläche kann die Nachversorgung effektiver gestaltet und die Warenverfügbarkeit insgesamt erhöht werden.

Bei der globalen Einführung wird Gerry Weber von der Transparenz in der Wertschöpfungskette, vom Produzenten bis zu den Verkaufsstätten profitieren. Ein Hebel dazu ist der Einsatz eines Supply Chain Event Management-Systems.

4.1.4 Supply Chain Event Management

Aufgrund einer Vielzahl an Faktoren wird Gerry Weber besonders vom Einsatz eines Supply Chain Event Management-Systems profitieren. Zu diesen Faktoren gehören die globalisierte Wertschöpfungskette mit einer großen Zahl an zu koordinierenden Partnern, die volatilen Geschäftsbeziehungen zwischen Gerry Weber und der Mehrheit der Partner, die Artikelvielfalt im Sortiment, die kurzen Produktlebenszyklen sowie die große Nachfrageunsicherheit.

Die Überwachung des Produktions- und Lieferfortschritts in der Logistikkette, die durch RFID ermöglicht wird, zusammen mit dem Abgleich der Plandaten erlaubt die Identifikation von kritischen Störungen in der Supply Chain. Die zur Verfügung stehenden Handlungsalternativen reichen von einer Anpassung der kurzfristigen Planung bzw. der Priorisierung bestimmter Tätigkeiten über die Änderung des Transportmodus vom Schifftransport zu kombinierten Schiff-Flugzeug-Transporten oder reinen Flugzeugtransporten bis zu einer Beauftragung anderer Partner.

4.1.5 Erfahrungen

Im RFID-Projekt bei Gerry Weber konnte eine Reihe von Erfahrungen gesammelt werden, die sich einerseits auf die technischen Eigenschaften von RFID beziehen und anderseits organisatorischer Natur sind.

Aus technischer Perspektive sind einerseits die Lesequalität und anderseits die Lesereichweite zu nennen. Prinzipiell bieten sich Textilien aufgrund ihres Materials besonders gut für die Identifikation mit RFID an. Eine 100% zuverlässige Erfassung kann allerdings nicht erreicht werden. In vielen Prozessschritten können die Anforderungen an die Lesequalität dadurch gesenkt werden, dass einzelne IDs virtuell und physisch aggregiert werden (z. B. zu Paketen).

Während für die physische Prozessgestaltung eine große Reichweite von RFID-Lesegeräten vorteilhalft ist, kann sich eine wenig fokussierte Lesung auch zum Nachteil auswirken, wenn (z. B. durch Reflexionen) benachbart gelagerte Teile zusätzlich erfasst werden. Eine Erfahrung aus dem Projekt mit Gerry Weber besteht darin, dass die meisten Lesungen softwaretechnisch derart gefiltert werden können, dass die nicht beabsichtigten Lesungen ausgegrenzt werden können.

Aus organisatorischer Perspektive war die Entscheidung zwischen Einweg- und Mehrwegtranspondern zu treffen. Während Mehrwegtransponder durch ihre Wiederverwendung bei hohen Transponderpreisen und vergleichsweise geringeren Rückführungskosten einen wirtschaftlichen Vorteil bieten, ist die Identifikation nicht mehr eindeutig. Dies bringt einige organisatorische Herausforderungen mit sich, insbesondere zur Assoziation und Trennung von Transponder zu Objekt.

Eine weitere Herausforderung liegt in der Ausstattung von Teilmengen mit RFID-Transpondern. Im Fall von Gerry Weber liegt die Ursache in den verschiedenen Vertriebskanälen. Während Gerry Weber im eigenen Einzelhandel die Nutzung von RFID durchsetzen kann, würde die Funktionalität der RFID-Transponder, die an andere Händler geliefert werden, die kein RFID einsetzen, ungenutzt bleiben. Dabei muss eine Abwägung ergeben, ob der zusätzliche Aufwand für parallele Identifikationstechnologien und ein Verlust an Transparenz die zusätzlichen Kosten und die strategische Option der tatsächlichen Nutzung der RFID-Transponder durch die Geschäftspartner rechtfertigen.

Ein von Gerry Weber bestätigter Erfolgsfaktor für RFID-Projekte liegt im Erfahrungsaustausch in Brancheninitiativen, Standardisierungsorganisationen und Forschungsprojekten. Gerry Weber ist an der Brancheninitiative „fashiongroup RFID“ beteiligt, in der Bekleidungshersteller und

Modehändler neben dem Erfahrungsaustausch ihren Bedarf abstimmen, gemeinsam über die Nutzung von RFID-Technologie informieren und gebündelt ihre Interessen gegenüber Standardisierungsorganisationen und Technikanbietern vorbringen können. Darüber hinaus ist Gerry Weber als Mitglied bei der Standardisierungsorganisation „EPCglobal“ aktiv und dort in drei Arbeitsgruppen eingebunden. Nicht zuletzt fördert die Teilnahme an Forschungsprojekten wie Ko-RFID den offenen Dialog und den Aufbau von Know-how.

4.2 RFID in der Möbelindustrie am Beispiel der Gustav Wellmann GmbH & Co. KG

Die Gustav Wellmann GmbH & Co. KG (Wellmann) – eine Tochtergesellschaft der ALNO AG – mit Produktionsstandort im nordrhein-westfälischen Enger ist ein Küchenmöbelhersteller und liefert kundenindividuelle industriell gefertigte Küchen inklusive aller Accessoires und Elektrogeräte an verschiedene Handelskunden. Diese bieten die Küchen größtenteils unter ihrem eigenen Namen am nationalen und internationalen Absatzmarkt an. Das Ziel von Wellmann besteht darin, trotz der großen Variantenzahl und des hohen Anteils an Einzel- und Sonderteilen pro Auftrag, seinen Handelskunden qualitativ hochwertige Küchen zu wettbewerbsfähigen Preisen anzubieten und sowohl vollständig als auch termingetreu zu liefern.

4.2.1 Ausgangslage

Im Gegensatz zur Situation bei Gerry Weber verfügte Wellmann zu Projektbeginn noch nicht über substanzielle Erfahrung mit der RFID-Technologie. Aus diesem Grund lag eines der Hauptziele auf der Erprobung der RFID-Technologie und auf der Überprüfung der Einsatztauglichkeit von RFID in den typischen Prozessen der Möbelindustrie.

Mit einem großen Anteil an der Wertschöpfung steht bei Wellmann insbesondere die Produktionslogistik im Fokus der Betrachtung. Die Organisationsstruktur der Zulieferer ist dabei sehr heterogen und reicht von einzelnen Werkstätten und Familienbetrieben bis hin zu industriellen Produzenten der eigenen sowie anderer Branchen (z. B. der Elektrobranche).

4.2.2 RFID-Einsatzgebiet

Das Ziel des RFID-Einsatzes bei Wellmann liegt in der Verbesserung der logistischen und fertigungstechnischen Prozesse – sowohl innerbetrieblich als auch unternehmensübergreifend. Nach einer Potenzialanalyse wurden zwei Anwendungsfälle für RFID ausgewählt: Küchenschrankfronten und Elektrogeräte.

Ein Teil der produzierten Küchen bei Wellmann wird individuell nach Kundenwunsch hergestellt. Diese Küchen bewegen sich im oberen Preissegment. Die Küchenschrankfronten für diese Küchen werden auftragsbezogen beschafft und sind von hoher Wertigkeit. Diese Fronten werden beim

Zulieferer von Wellmann mit RFID-Transpondern ausgestattet. Der Warenausgang bzw. Wareneingang und die Materialbereitstellung bei Wellmann können damit RFID-gestützt abgewickelt werden.

Zudem können die RFID-Transponder auch im Fertigungsprozess genutzt werden. Direkt vor der Bearbeitung einer Front auf der CNC-Maschine kann die Front identifiziert und das Bearbeitungsprogramm automatisch geladen bzw. abgeglichen werden. Auf diese Art und Weise können Bearbeitungsfehler vermieden werden.

Im anderen Szenario wird die Kooperation zwischen Wellmann und einem Logistikdienstleister für die Anlieferung von Elektrogeräten – der weißen Ware – betrachtet. Die Elektrogeräte werden direkt in das Versandlager für produzierte Küchen geliefert und dort zusammen mit den Schränken kommissioniert.

Für dieses Szenario sollen die anzuliefernden Elektrogeräte mit RFID-Transpondern ausgestattet und am Warenausgang des Logistikdienstleisters sowie im Wareneingang Wellmann identifiziert werden. Neben diesen Automatisierungspotenzialen kann außerdem die Vollständigkeitskontrolle der Lieferung RFID-gestützt durchgeführt werden.

4.2.3 Nutzen der RFID-Einführung

Die erzielten Verbesserungen durch Tätigkeitserleichterung und Zeiteinsparung, die durch die Identifikation ohne Sichtkontakt und Pulklesung ermöglicht werden, betreffen vor allem die logistischen Prozesse der Kommissionierung und des Warenaus- und -eingangs sowie die Fertigungsanlagen. Darüber hinaus konnten durch die automatische Identifizierung beim Warenübergang zwischen den Geschäftspartnern als auch an der Fertigungsmaschine Fehler reduziert und damit Fehlerfolgekosten vermieden werden.

Über die genannten Automatisierungsvorteile hinaus trägt auch im Fall von Wellmann die RFID-Technologie dazu bei, die Informationsbasis für die Planungs- und Steuerungssysteme im Allgemeinen und für das Supply Chain Event Management-System im Speziellen zu verbessern.

4.2.4 Supply Chain Event Management

Das Ziel des RFID-gestützten Supply Chain Event Management-Systems bei Wellmann, das Echtzeitdaten mittels eines Soll-Ist-Vergleichs beurteilt und auf Basis von hinterlegten Systemregeln ggf. in Störungsmeldungen umsetzt, liegt in der Entscheidungsunterstützung durch die Generierung von Handlungsvorschlägen für Wellmann und die betroffenen Kollaborationspartner.

Drei Anwendungsfälle für den Frontenprozess wurden im Supply Chain Event Management-System implementiert. Der erste betrifft den Warenausgang der Fronten beim Zulieferer. Das Ziel liegt in einer möglichst frühzeitigen Kenntnis über fehlende Fronten im Prozessverlauf. Über definierte Eskalationsregeln werden auch die Disponenten bei Wellmann informiert. Dies geschieht ggf. durch eine Signalisierung in Ampelform im System, durch Nachrichten per E-mail oder automatisch versendete SMS auf das Mobiltelefon. In diesem Fall wurde auf den verspäteten Versand von Fronten reagiert.

Im zweiten Anwendungsfall am Wareneingang wird die mengenmäßige Abweichung überwacht. Hier macht sich das System die zusätzliche Information zunutze, welche Fronten zu einem Auftrag gehören. Wenn eine Front aus einem Auftrag noch nicht vereinnahmt wurde, kann mit einer gewissen Wahrscheinlichkeit auf ein kritisches Ereignis geschlossen werden, auch wenn der spätestmögliche Zeitpunkt für die Anlieferung noch nicht erreicht ist.

Der dritte Anwendungsfall hat den Ausgangspunkt an der Fertigungsmaschine. Kann eine Front aus bestimmten Gründen nicht gefertigt werden, müsste aufgrund der kundenauftragsbezogenen Bestellung die Küche unvollständig ausgeliefert und die fehlende Front nachgeliefert werden. Mit der Transparenz über den genauen Produktions- und Lieferfortschritt aller Fronten können identische Fronten aus anderen Aufträgen vorgezogen werden, um eine vollständige Auslieferung zu garantieren.

4.2.5 Erfahrungen

Auch die im RFID-Projekt bei Wellmann gesammelten Erfahrungen lassen sich in technische Eigenschaften bzw. organisatorische Voraussetzungen unterteilen.

Aus technischer Perspektive ist die Beherrschbarkeit der Systemheterogenität zu nennen, die durch die sehr heterogenen Organisationsstrukturen der am RFID-Projekt beteiligten Partner und die dabei eingesetzten Informations- und Kommunikationssysteme erzeugt wird. Die für den elektronischen Datenaustausch verwendeten Systeme reichen dabei von historisch gewachsenen Einzellösungen bis hin zu Lösungen, in denen mittels E-Mail für Geschäftsprozesse relevante Daten ausgetauscht werden. In den Kooperationen werden dabei nur zu einem sehr geringen Grad Standards für den elektronischen Datenaustausch eingesetzt.

Aus diesem Grund kam es darauf an, eine möglichst offene, leicht integrierbare und übertragbare RFID-Lösung zu entwickeln, die von allen Partnern eingesetzt werden konnte. Darüber hinaus war es für die Realisierung und den umfangreichen Praxiseinsatz notwendig, den Empfang von logistischen Statusmeldungen durch die Datenerfassung hybrid zu gestalten. Damit sollte gewährleistet werden, dass Leseereignisse von Barcode- und RFID-Systemen sowie anderen Informationssystemen gleichermaßen weiterverarbeitet werden können und dass alle Geschäftspartner auch ohne RFID-Technologie an dem System teilnehmen können.

Aus organisatorischer Perspektive sind die Identifikation des RFID-Nutzens und partnerschaftliche Realisation der Anwendung zu nennen, die sich im Projektverlauf als Herausforderung erwies.

Die Gestaltung und Realisation der zwei ausgewählten Anwendungsfälle sollte in enger Kooperation mit den betroffenen Wertschöpfungspartnern erfolgen. Der Nutzen der RFID-Technologie eines jeden Unternehmens wurde identifiziert und über Kennzahlen im Hinblick auf die Erfolgsgrößen (Funktion, Qualität, Kosten, Zeit, Steuerbarkeit) und Rahmenbedingungen (Anpassungsfähigkeit, Transparenz, Sicherheit, Vertrauen) operationalisiert sowie kommuniziert. Dieses Vorgehen wird seitens Wellmanns auch über die Dauer des Forschungsprojekts hinaus Gültigkeit haben und bei der zukünftigen Integration von weiteren Kooperationspartnern in das entwickelte RFID-System integriert werden.

Kapitel 5
Zusammenfassung

Mit diesem Buch sollte Unternehmen, Studenten, Dozenten und Beratern Basiswissen zur RFID-Technologie sowie zur RFID-Einführung vermittelt werden. Dazu wurden die grundlegenden Informationen über RFID präsentiert, Methoden zur Einführung von RFID-Systemen vorgestellt und Erfahrungen in Form von Praxisberichten beschrieben.

Die Nutzung der RFID-Technologie geht auf die 1940er Jahre zurück. Die bisherige Entwicklung wurde in diesem Buch kurz nachgezeichnet, die aktuelle Marktsituation analysiert und ein Ausblick auf die nächsten Jahre gegeben.

In einem technischen Teil wurden RFID-Infrastruktur und verarbeitende Softwaresysteme als Komponenten eines RFID-Systems erklärt. Bei der Infrastruktur wurde dabei auf verschiedene Transpondertypen, Lesegeräte und die allgemeine Funktionsweise von RFID-Systemen eingegangen. Eine Herausforderung bei der RFID-Einführung liegt in der Integration der RFID-Daten in die betrieblichen Informationssysteme. Die Funktionen einer RFID-Middleware, der

G. Tamm, C. Tribowski, *RFID*, Informatik im Fokus, DOI 978-3-642-11460-1_5, bei dieser Aufgabe eine besondere Bedeutung zukommt, wurden ebenso beschrieben wie die Vor- und Nachteile bestimmter Datenhaltungskonzepte. Abschließend wurde das Zusammenspiel von RFID und dem elektronischen Datenaustausch erklärt.

Das Industriekonsortium EPCglobal entwickelt Standards für ein Netzwerk, um weltweit auf RFID-Daten zugreifen zu können. Zukünftig sollen mit RFID-Transpondern ausgestattete Alltagsobjekte über das Internet auf Basis dieser standardisierten Schnittstellen kommunizieren können. Die Funktionsweise dieses EPC-Netzwerkes, zu dem bereits erste Prototypen existieren, wurde erläutert.

Das EPCglobal-Netzwerk stellt allerdings nur die Basisfunktionalitäten für das Erfassen, Speichern, Finden und Abrufen von RFID-Daten zur Verfügung. Diese Funktionen sollen von diversen Softwaresystemen zu unterschiedlichsten Zwecken eingesetzt werden. Entlang des Referenzmodells für RFID-Anwendungen der Europäischen Union wurden diese verschiedenen Anwendungsgebiete vorgestellt.

Um trotz dieser diversen Bereiche die RFID-Technologie unternehmensübergreifend, länderübergreifend und branchenunabhängig einsetzen zu können, spielt Standardisierung eine bedeutende Rolle. Daher wurden ausgewählte Standardisierungsinitiativen vorgestellt und Hinweise zum Engagement in Standardisierungsgremien gegeben. In dem einführenden Kapitel zur RFID-Technologie wurden abschließend die Stärken, Schwächen, Chancen und Risiken sowohl aus Sicht von Unternehmen als auch aus politischer Perspektive diskutiert.

Den zweiten Teil des Buches bildeten Einführungsempfehlungen zur RFID-Technologie. Es wurde ein umfassendes Vorgehensmodell beschrieben, das versucht, die vorhandenen themenspezifischen Literaturressourcen zu integrieren. Beschäftigt sich ein Unternehmen zu einem frühen Zeitpunkt im Einführungsprozess mit der Thematik RFID, dann bieten sich die vorgestellten Werkzeuge zum Potenzial-Check an. Im späteren Prozess stehen Unternehmen dann vor der Entscheidung über die Einführung der Technologie. Kosten-Nutzen-Analysen und Wirtschaftlichkeitsberechnungen können hier als Entscheidungsgrundlage dienen. Es wurden eine Reihe an Initiativen beschrieben, die sich mit der Thematik beschäftigen, und Werkzeuge zur methodischen Unterstützung vorgestellt.

Eine bedeutende Herausforderung bei der Einführung von RFID-Technologie stellt die Sicherstellung des Datenschutzes dar. Aus diesem Grund wurde diese Problematik sowie die aktuelle rechtliche Situation analysiert und Referenzen auf Vorschläge zur Sicherstellung des Datenschutzes gegeben. Abschließend wurden im Kapitel der Einführungsempfehlung die Besonderheiten von unternehmensübergreifenden RFID-Anwendungen diskutiert. Dabei wurde insbesondere auf die Möglichkeit hingewiesen, durch eine Kosten-Nutzen-Aufteilung die Anreize an einer gemeinschaftlichen Anwendung sicherzustellen.

Das letzte Kapitel des Buches widmete sich den Erfahrungen bei der Implementierung von RFID-Projekten in der Praxis. Die Autoren dieses Buches begleiteten während des dreijährigen Verbundprojekts „Ko-RFID: Kollaboration in RFID-gestützten Wertschöpfungsnetzen" aktiv die RFID-Einführung bei den Praxispartnern. Für zwei Unternehmen der Bekleidungs- und Küchenmöbelbranche wurden die Voraussetzung für den Einsatz von RFID, das Anwendungsgebiet, der erwartete Nutzen der RFID-Einführung, die Bedeutung der RFID-Daten für die Entscheidungsunterstützung im Rahmen eines Supply Chain Event Managements sowie die gesammelten Erfahrungen aus den Projekten beschrieben.

Literaturverzeichnis

1. Arbeitskreis „Technische und organisatorische Datenschutzfragen“ der Konferenz der Datenschutzbeauftragten des Bundes und der Länder: Orientierungshilfe „Datenschutzgerechter Einsatz von RFID“. http://tinyurl.com/ydoztdz, (Abruf: 19.10.2009) (2006)
2. Bai, Y., Wang, F., Liu, P.: Efficiently Filtering RFID Data Streams. In: Proceedings of the First International VLDB Workshop on Clean Databases, CleanDB 2006, Seoul, Korea (2006)
3. Baier, H., Straub, T.: Vom elektronischen Reisepass zum Personalausweis: RFID und personenbezogene Daten – Lessons Learned!? In: Proceedings der 39. Jahrestagung der Gesellschaft für Informatik, Lübeck (2009)
4. Bardaki, C., Pramatari, K., Doukidis, G.: IP-Mapping a RFID-Integrated Shelf Replenishment Information System for the Retail Industry to Assess Information Quality. In: Proceedings of the 16th European Conference on Information Systems (ECIS 2008), Galway, Ireland (2008)
5. Bensel, P., Fürstenberg, F., Vogeler, S.: Supply Chain Event Management – Entwicklung eines SCEM-Frameworks. In: F. Straube (ed.) Digitale Schriftenreihe Logistik, Band 3. Technische Universität Berlin (2008)

G. Tamm, C. Tribowski, *RFID*, Informatik im Fokus,
DOI 978-3-642-11460-1,

6. Bensel, P., Günther, O., Tribowski, C., Vogeler, S.: Cost-Benefit Sharing in Cross-Company RFID Applications: A Case Study Approach. In: Proceedings of the International Conference on Information Systems (ICIS 2008), Paris, France (2008)
7. Bizer, J., Dingel, K., Fabian, B., Günther, O., Hansen, M., Klafft, M., Möller, J., Spiekermann, S.: TAUCIS – Technikfolgenabschätzung Ubiquitäres Computing und informationelle Selbstbestimmung. http://tinyurl.com/ycxsroo, (Abruf: 19.10.2009) (2006)
8. Bovenschulte, M., Gabriel, P., Gaßner, K., Seidel, U.: RFID: Prospectives for Germany. Bundesministerium für Wirtschaft und Technologie (Hrsg) (2007)
9. Breitner, M.H.: Vorgehensmodell. In: K. Kurbel, et al. (eds.) Enzyklopädie der Wirtschaftsinformatik. Zweite Auflage. München, Oldenbourg, 24.9.2008. http://www.enzyklopaedie-der-wirtschaftsinformatik.de, (Abruf: 17.09.2009) (2008)
10. Bremer Institut für Betriebstechnik und angewandte Arbeitswissenschaft: SWOT-Analyse. http://www.biba.uni-bremen.de/rfidleitfaden/index.aspx, (Abruf: 29.09.2009) (2009)
11. Bundesministerium für Wirtschaft und Technologie: European Policy Outlook RFID. http://tinyurl.com/yjgoafv, (Abruf: 10.11.2009) (2007)
12. Bundesministerium für Wirtschaft und Technologie: Internet der Dinge – Leitfaden zu technischen, organisatorischen, rechtlichen und sicherheitsrelevanten Aspekten bei der Realisierung neuer RFID-gestützter Prozesse in Wirtschaft und Verwaltung. Harzdruckerei GmbH, Wernigerode (2009)
13. Chin, E.L., Ling, Y.B.: A Mobile Electronic Toll Collection for E-Commerce Applications. Journal of Theoretical and Applied Electronic Commerce Research **3**(2), 111–128 (2008)
14. Diekmann, T., Melski, A., Schumann, M.: Analysing Impacts of RFID in Supply Chains Using Joint Economic Lot Size Models. In: Proceedings of the 15th European Conference on Information Systems (ECIS 2007), St. Gallen, Schweiz (2007)

15. Diekmann, T., Melski, A., Schumann, M.: Data-on-Network vs. Data-on-Tag: Managing Data in Complex RFID Environments. In: Proceedings of the 40th Hawaii International Conference on System Sciences (HICSS 2007), Hawaii, USA (2007)
16. Dittmann, L.: Der angemessene Grad an Visibilität – Die Auswirkungen von RFID. Ph.D. thesis, Universität St. Gallen, Schweiz (2006)
17. EC-Ruhr: Leitfaden RFID – eine Chance für kleine und mittlere Unternehmen. http://www.ec-net.de/EC-Net/Redaktion/Pdf/RFID/rfid-leitfaden-mittelstand.pdf, (Abruf: 10.11.2009) (2007)
18. EICAR e.V.: Leitfaden: RFID und Datenschutz. http://tinyurl.com/yc996on, (Abruf: 21.10.2009) (2006)
19. EPCglobal: Reader Protocol Standard. Version 1.1 (2006)
20. EPCglobal: EPC Information Services Standard. Version 1.0.1 (2007)
21. EPCglobal: UHF Class 1 Gen 2 Standard. Version 1.2.0 (2007)
22. EPCglobal: Object Naming Service Standard. Version 1.0.1 (2008)
23. EPCglobal: Tag Data Standard. Version 1.4 (2008)
24. EPCglobal: Application Level Events Standard. Version 1.1.1 (2009)
25. EPCglobal: The EPCglobal Architecture Framework. Version 1.3 (2009)
26. Europäische Kommission: Internet of Things – An Action Plan for Europe. http://tinyurl.com/m3spee, (Abruf: 10.11.2009) (2009)
27. Europäische Kommission: Recommendation on the Implementation of Privacy and Data Protection Principles in Applications Supported by Radio-Frequency Identification. http://tinyurl.com/qglcpc, (Abruf: 10.11.2009) (2009)
28. Evdokimov, S., Fabian, B., Günther, O.: Multipolarity for the Object Naming Service. In: Proceedings of the Internet of Things 2008, Zürich, Schweiz, LNCS 4952, S. 1-18, Springer, Berlin-Heidelberg (2008)
29. Fabian, B.: Implementing Secure P2P-ONS. In: Proceedings of the IEEE International Conference on Communications, Dresden (2009)

30. Fabian, B., Günther, O.: Distributed ONS and Its Impact on Privacy. In: Proceedings of the IEEE International Conference on Communications, Glasgow, Schottland (2007)
31. Fabian, B., Günther, O., Spiekermann, S.: Security Analysis of the Object Name Service. In: Proceedings of the 1st IEEE Workshop on Security, Privacy and Trust in Pervasive and Ubiquitous Computing, Santorini, Griechenland, S. 71-76 (2005)
32. Finkenzeller, K.: RFID-Handbuch: Grundlagen und praktische Anwendungen von Transpondern, kontaktlosen Chipkarten und NFC. 5. Aufl. Hanser, München (2008)
33. Fleisch, E., Christ, O., Dierkes, M.: Die betriebswirtschaftliche Vision des Internets der Dinge. In: E. Fleisch, F. Mattern (eds.) Das Internet der Dinge, pp. 3–37. Berlin, Springer (2005)
34. Floerkemeier, C.: EPC-Technologie – vom Auto-ID Center zu EPCglobal. In: E. Fleisch, F. Mattern (eds.) Das Internet der Dinge, pp. 87–100. Springer, Berlin (2005)
35. Floerkemeier, C., Roduner, C., Lampe, M.: RFID Application Development with the Accada Middleware Platform. IEEE Systems Journal **1**(2), 82–94 (2007)
36. Friedlos, D.: Australian Waste-collection Businesses Tag Trash Bins. RFID Journal, http://www.rfidjournal.com/article/view/5145, (Abruf: 26.10.2009) (2005)
37. Gampl, B., Lange, S., Holweger, M., Melià, J.: Commented Overview and Analysis of Existing RFID Guidelines. Final Report, CE RFID. http://www.rfid-in-action.eu/public/ (2008)
38. Gampl, B., Robeck, M., Clasen, M.: The RFID Reference Model. In: Müller R. A. E. (Hrsg) Unternehmens-IT: Führungsinstrument oder Verwaltungsbürde? Referate der 28. GIL-Jahrestagung, 10.-11.03.2008, Kiel. Lecture Notes in Informatics, Vol. 125. Bonn: Gesellschaft für Informatik (2008)
39. Gartner: Hype Cycle for Emerging Technologies. Report. 21. Juli 2009 (2009)
40. Gaukler, G.M., Seifert, R.W.: Applications of RFID in Supply Chains. In: H. Jung, F.F. Chen, B. Jeong (eds.) Trends in Supply Chain Design and Management: Technologies

and Methodologies, pp. 29–48. Springer-Verlag London Ltd. (2007)

41. Gaukler, G.M., Seifert, R.W., Hausman, W.H.: Item-level RFID in the Retail Supply Chain. Production and Operations Management (POM) **16**(1), 65–76 (2007)
42. Gerry Weber International AG: GERRY WEBER beschließt internationale Einführung von RFID. Pressemitteilung, Halle/Westf., 26. November 2009 (2009)
43. Gille, D., Strueker, J.: Into the Unknown: Measuring the Business Performance of RFID Applications. In: Proceedings of the 16th European Conference on Information Systems (ECIS 2008), Galway, Ireland (2008)
44. Gillert, F., Hansen, W.R.: RFID für die Optimierung von Geschäftsprozessen. Hanser, München (2009)
45. Global Commerce Initiative, IBM: Global Commerce Initiative EPC Roadmap – Executive Brief. Deutsche Ausgabe. http://www.gci-net.org/common/data/13 EPCRoadmapSum-Deutsch.pdf, (Abruf: 11.11.2009) (2004)
46. Günther, O. (ed.): Leitfaden Kollaboration in unternehmensübergreifenden RFID-Anwendungen. Elch Graphics, Berlin (2009)
47. Günther, O., Kletti, W., Kubach, U.: RFID in Manufacturing. Springer, Berlin, Heidelberg (2009)
48. Goebel, C., Günther, O.: The Value of Visibility and RFID in Transshipment Operations – A Simulation Study. In: Proceedings der 9. Internationale Tagung Wirtschaftsinformatik (Band 2). Hansen H R, Karagiannis D, Fill H-G (Hrsg), Wien, 25.- 27. Februar 2009, S. 129-138 (2009)
49. Goebel, C., Troeger, R., Tribowski, C., Günther, O., Nickerl, R.: RFID in the Supply Chain: How to Obtain a Positive ROI – The Case of Gerry Weber. In: Proceedings of the 11th International Conference on Enterprise Information Systems (ICEIS 2009), Mailand, Italien (2009)
50. Gross, S., Lampe, M., Müller, R.: Zahlungsverfahren mit Ubiquitous Computing. In: E. Fleisch, F. Mattern (eds.) Das Internet der Dinge, pp. 279–289. Springer, Berlin (2005)
51. Gross, S., Thiesse, F.: RFID-Systemeinführung – Ein Leitfaden für Projektleiter. In: E. Fleisch, F. Mattern (eds.) Das Internet der Dinge, pp. 303–313. Springer, Berlin (2005)

52. GS1 Germany: REWE Group rollt ihr RFID-Projekt aus – Der Weg einer konsequenten Umsetzung der EPC/RFID-Technologie mit GS1 Germany. Pressemitteilung, Köln, 19. März 2007 (2007)
53. Heyduck, S.: Personalausweis 2.0. Fraunhofer-Magazin weiter.vorn **2009**(4), 22–23 (2009)
54. Holznagel, B., Bonnekoh, M.: RFID: Rechtliche Dimensionen der Radiofrequenz-Identifikation. Informationsforum RFID e.V. (Hrsg), http://tinyurl.com/y929fhv, (Abruf: 19.10.2009) (2008)
55. Homs, C., Metcalfe, D., Takahashi, S.: Exposing the Myth of the 5-Cent RFID Tag. http://tinyurl.com/y93zpaz, (Abruf: 05.11.2009) (2004)
56. Hribernik, K.A., Schnatmeyer, M., Plettner, A., Thoben, K.D.: Application of the Electronic Product Code EPC to the Product Lifecycle of Electronic Products. EU RFID Forum 2007. Brussels, Belgium (2007)
57. IDTechEx: RFID Forecasts, Players and Opportunities 2005-2015. http://www.idtechex.com/research/reports, (Abruf: 04.11.2009) (2005)
58. IDTechEx: RFID Forecasts, Players and Opportunities 2006-2016. http://www.idtechex.com/research/reports, (Abruf: 04.11.2009) (2006)
59. IDTechEx: RFID Forecasts, Players and Opportunities 2007-2017. http://www.idtechex.com/research/reports, (Abruf: 04.11.2009) (2007)
60. IDTechEx: RFID Forecasts, Players and Opportunities 2008-2018. http://www.idtechex.com/research/reports, (Abruf: 04.11.2009) (2008)
61. IDTechEx: RFID Forecasts, Players and Opportunities 2009-2019. http://www.idtechex.com/research/reports, (Abruf: 04.11.2009) (2009)
62. Informationsforum RFID e.V.: Die Historie von RFID. http://tinyurl.com/ybeaqac, (Abruf: 03.11.2009) (2009)
63. Informationsforum RFID e.V.: RFID – Leitfaden für den Mittelstand. http://tinyurl.com/ydofpas, (Abruf: 11.11.2009) (o. A.)
64. Ivantysynova, L., Klafft, M., Ziekow, H., Günther, O., Kara, S.: RFID in Manufacturing: The Investment Decision. In:

Proceedings of the Pacific Asia Conference on Information Systems, Hyderabad, India (2009)

65. Jeffery, S.R., Garofalakis, M., Franklin, M.J.: Adaptive Cleaning for RFID Data Streams. In: Proceedings of the 32nd International Conference on Very Large Data Bases, Seoul, Korea, pp. 163–174 (2006)
66. Jin, X., Lee, X., Kong, N., Yan, B.: Efficient Complex Event Processing over RFID Data Stream. In: Proceedings of the 7th IEEE/ACIS International Conference on Computer and Information Science, Portland, Oregon, USA, pp. 75–81 (2008)
67. Juels, A., Pappu, R.: Squealing Euros: Privacy Protection in RFID-Enabled Banknotes. In: R. Wright (ed.) Financial Cryptography, pp. 103–121. Springer-Verlag (2002)
68. Karkkainen, M.: Increasing Efficiency in the Supply Chain for Short Shelf Life Goods Using RFID Tagging. International Journal of Retail & Distribution Management **31**(10), 529–536 (2003)
69. Knyrim, R., Haidinger, V.: RFID-Chips und Datenschutz. Österreichisches Recht der Wirtschaft **23**(1), 2–6 (2005)
70. Koh, R., Staake, T.: Nutzen von RFID zur Sicherung der Supply Chain der Pharmaindustrie. In: E. Fleisch, F. Mattern (eds.) Das Internet der Dinge, pp. 161–175. Springer, Berlin (2005)
71. Kürschner, C., Condea, C., Kasten, O., Thiesse, F.: Discovery Service Design in the EPCglobal Network – Towards Full Supply Chain Visibility. In: Proceedings of the Internet of Things 2008, Zürich, Schweiz, LNCS 4952, pp. 19–34. Springer, Berlin-Heidelberg (2008)
72. Kruse, A., Mortera-Martinez, C., Corduant, V., Lange, S.: The Regulatory Framework for RFID. Final Report, CE RFID. http://www.rfid-in-action.eu/public/ (2008)
73. Ku, T., Zhu, Y.L., Hu, K.Y., Nan, L.: A Novel Distributed Complex Event Processing for RFID Application. In: Proceedings of the 3rd International Conference on Convergence and Hybrid Information Technology, Busan, Korea, pp. 1113–1117 (2008)
74. Kuhlmann, F.: EDI-Anwendungsempfehlung von GS1 Germany für die Weitergabe des Elektronischen Produkt-Codes

(EPC) in der Ausprägung NVE (SSCC) und SGTIN in der Liefermeldung (DESADV) in EANCOM 2002 S3. Version 5.0, GS1 Germany, http://tinyurl.com/y9mx5sj, (Abruf: 09.11.2009) (2009)
75. Lampe, M., Flörkemeier, C., Haller, S.: Einführung in die RFID-Technologie. In: E. Fleisch, F. Mattern (eds.) Das Internet der Dinge, pp. 69–86. Springer, Berlin (2005)
76. Langheinrich, M.: Die Privatsphäre im Ubiquitous Computing – Datenschutzaspekte der RFID-Technologie. In: E. Fleisch, F. Mattern (eds.) Das Internet der Dinge, pp. 329–362. Springer, Berlin (2005)
77. Leaver, S.: Evaluating RFID Middleware. Forrester Research Report (2004)
78. Liu, F., Jie, Y., Hu, W.: Distributed ALE in RFID Middleware. In: Proceedings of the 4th International Conference on Wireless Communications, Networking and Mobile Computing, Dalian, China, pp. 1–5 (2008)
79. Loebbecke, C., Palmer, J.: RFID Becomes Fashionable in the Supply Chain: The Case of Kaufhof and Gerry Weber. In: Proceedings of the 12th Americas Conference on Information Systems, Acapulco, Mexico, pp. 1887– 1894 (2006)
80. Loebbecke, C., Palmer, J.: RFID in the Fashion Industry: Kaufhof Department Stores AG and Gerry Weber International AG Fashion Manufacturer. MIS Quarterly Executive **5**(2), 15–25 (2006)
81. Loebbecke, C., Palmer, J., Huyskens, C.: RFID's Potential in the Fashion Industry: A Case Analysis. In: Proceedings of the 19th Bled eConference, Bled, Slovenia (2006)
82. Mattern, F.: Die technische Basis für das Internet der Dinge. In: E. Fleisch, F. Mattern (eds.) Das Internet der Dinge, pp. 39–66. Springer, Berlin (2005)
83. Melski, A., Thoroe, L., Caus, T., Schumann, M.: Beyond EPC – Insights from Multiple RFID Case Studies on the Storage of Additional Data on Tag. In: Proceedings of the International Conference on Wireless Algorithms, Systems and Applications, Chicago, USA, pp. 281–286 (2007)
84. Melski, A., Thoroe, L., Schumann, M.: RFID – Radio Frequency Identification. Informatik Spektrum **31**(5), 469–473 (2008)

85. Metro Group: RFID Newsletter Nr. 4. http://tinyurl.com/yhrpt6j, (Abruf: 09.11.2009) (2008)
86. Michaelis, W.: RFID – Funktion und Bedeutung. Online-Ausgabe des Newsletters der Forschungsgemeinschaft Funk e.V. **17**(1) (2009)
87. Miragliotta, G., Perego, A., Tumino, A.: A Quantitative Model for the Introduction of RFID in the Fast Moving Consumer Goods Supply Chain: Are there any Profits? International Journal of Operations & Production Management **29**(10), 1049–1082 (2009)
88. Müller, J.: Grenzen der datenschutzrechtlichen Verantwortlichkeit in einer Welt des „Ubiquitous Computing". In: H.R. Hansen, D. Karagiannis, H.G. Fill (eds.) Proceedings der 9. Internationale Tagung Wirtschaftsinformatik (Band 1), pp. 483–491 (2009)
89. Müller, J., Tröger, R., Zeier, A., Alt, R.: Gain in Transparency versus Investment in the EPC Network – Analysis and Results of a Discrete Event Simulation Based on a Case Study in the Fashion Industry. In: Proceedings of the 2009 International Workshop on Service Oriented Computing in Logistics, Stockholm, Schweden (2009)
90. Oertel, B., Wölk, M., Hilty, L., Köhler, A., Kelter, H., Ullmann, M., Wittmann, S.: Risiken und Chancen des Einsatzes von RFID-Systemen. Bundesamt für Sicherheit in der Informationstechnik (Hrsg), http://tinyurl.com/yce6gpa, (Abruf: 22.10.2009) (2004)
91. Omers, M.: Elektronische Einstiegskontrolle von Chipkarten mit NFC-Handys – Pilotprojekt von Rheinbahn, Stadtwerken Remscheid und VRR. Der Nahverkehr **26**(1-2), 36–38 (2008)
92. Organisation for Economic Co-operation and Development (OECD): Radio Frequency Identification (RFID): A Focus on Information Security and Privacy. http://www.oecd.org/dataoecd/55/48/43091476.pdf, (Abruf: 19.10.2009) (2008)
93. Park, J., Hong, B., Ban, C.: A Query Index for Continuous Queries on RFID Streaming Data. Science in China Series F: Information Sciences **51**(12), 2047–2061 (2008)
94. Peng, X., Ji, Z., Luo, Z., Wong, E.C., Tang, C.J.: A P2P Collaborative RFID Data Cleaning Model. In: Proceedings

of the 3rd International Conference on Grid and Pervasive Computing, Kunming, China, pp. 304–309 (2008)

95. Pigni, F., Astuti, S., Noè, C., Buonanno, G., Bandera, S., Ferrari, P., Mazzola, G., Da Bove, M.: A Guideline to RFID Application in Supply Chains. Projekt REGINSrfid. http://tinyurl.com/yfktntv, (Abruf: 11.11.2009) (2006)
96. Quantz, J., Wichmann, T.: E-Business-Standards in Deutschland – Bestandsaufnahme, Probleme, Perspektiven. Bundesministerium für Wirtschaft und Arbeit (Hrsg), Berlecon Research GmbH, Berlin (2003)
97. RFID Journal: The History of RFID Technology. http://www.rfidjournal.com/article/view/1338/2, (Abruf: 03.11.2009) (2005)
98. RFID Journal: RFID Geschichte. http://www.rfid-journal.de/rfid-geschichte.html, (Abruf: 03.11.2009) (o. A.)
99. RFID Support Center: Datenschutz bei RFID-Anwendungen. http://tinyurl.com/yejyxb6, (Abruf: 12.11.2009) (2007)
100. Schmidt, S., Hanloser, S.: RFID-Ticketing bei der FIFA-Fussball-Weltmeisterschaft Deutschland 2006. Computer und Recht **22**(1), 75–76 (2006)
101. Schoch, T.: Middleware für Ubiquitous-Computing-Anwendungen. In: E. Fleisch, F. Mattern (eds.) Das Internet der Dinge, pp. 119–140. Springer, Berlin (2005)
102. Sekiguchi, M., Naito, H., Ueda, A., Ozaki, T., Yamasawa, M.: „UBWALL“, Ubiquitous Wall Changes an Ordinary Wall into the Smart Ambience. In: Proceedings of the Smart Objects & Ambient Intelligence Conference (sOc-EUSAI 2005), Grenoble, Frankreich (2005)
103. Sielemann, O., Spin, K.: Methods for Evaluating RFID-Technology Performance. In: T. Blecker, W. Kersten, C. Herstatt (eds.) Key Factors for Successful Logistics. Erich Schmidt Verlag GmbH & Co., Berlin (2007)
104. Spiekermann, S., Evdokimov, S.: Critical RFID Privacy-Enhancing Technologies. IEEE Security and Privacy **7**(2), 56–62 (2009)
105. Spiekermann, S., Pallas, F.: Technologiepaternalismus – Soziale Auswirkungen des Ubiquitous Computing jenseits von Privatsphäre. In: F. Mattern (ed.) Die Informatisierung

des Alltags – Leben in smarten Umgebungen, pp. 311–325. Springer Verlag, Berlin, Heidelberg (2007)
106. Spiekermann, S., Ziekow, H.: RFID: A 7-Point Plan to Ensure Privacy. In: Proceedings of the 13th European Conference on Information Systems (ECIS 2005), Regensburg, Germany (2005)
107. Sprenger, C., Wecker, F.: RFID – Leitfaden für die Logistik. Anwendungsgebiete, Einsatzmöglichkeiten, Integration, Praxisbeispiele. Franke W, Dangelmaier W (Hrsg), Gabler, Wiesbaden (2006)
108. Stahlknecht, P., Hasenkamp, U.: Einführung in die Wirtschaftsinformatik, 11 edn. Springer-Verlag, Berlin (2005)
109. Strassner, M.: RFID im Supply Chain Management. Ph.D. thesis, Universität St. Gallen, Schweiz (2005)
110. Straube, F.: RFID in der Logistik – Empfehlungen für eine erfolgreiche Einführung. Universitätsverlag der Technischen Universität Berlin (2009)
111. Straube, F., Vogeler, S., Bensel, P., Spiegel, T.: Aktuelle Situation der RFID-Standardisierung: Akteure und deren Relationen. Digitale Schriftenreihe Logistik der Technischen Universität Berlin, Band 2 (2007)
112. Strüker, J., Gille, D.: The SME Way of Adopting RFID Technology: Empirical Findings from a German Cross-Sectoral Study. In: Proceedings of the 16th European Conference on Information Systems (ECIS 2008), Galway, Ireland (2008)
113. Strüker, J., Gille, D., Faupel, T.: RFID Report 2008 – Optimierung von Geschäftsprozessen Deutschland. VDI Nachrichten und Institut für Informatik und Gesellschaft, Albert-Ludwigs-Universität Freiburg (2008)
114. Tellkamp, C.: Finanzielle Bewertung von Ubiquitous-Computing-Anwendungen. In: E. Fleisch, F. Mattern (eds.) Das Internet der Dinge, pp. 315–327. Springer, Berlin (2005)
115. Tellkamp, C., Quiede, U.: Einsatz von RFID in der Bekleidungsindustrie - Ergebnisse eines Pilotprojekts von Kaufhof und Gerry Weber. In: E. Fleisch, F. Mattern (eds.) Das Internet der Dinge, pp. 143–160. Springer, Berlin (2005)
116. Theuvsen, L.: Bedingungen und Wirkungen der Standardisierung von RFID-Technologien: Anmerkungen aus ökonomischer Sicht. In: GI Jahrestagung (2), pp. 32–42 (2007)

117. Thiesse, F.: Architektur und Integration von RFID-Systemen. In: E. Fleisch, F. Mattern (eds.) Das Internet der Dinge, pp. 101–117. Springer, Berlin (2005)
118. Thiesse, F.: Die Wahrnehmung von RFID als Risiko für die informationelle Selbstbestimmung. In: E. Fleisch, F. Mattern (eds.) Das Internet der Dinge, pp. 363–378. Springer, Berlin (2005)
119. Thiesse, F., Condea, C.: RFID Data Sharing in Supply Chains: What is the Value of the EPC Network? International Journal of Electronic Business **7**(1), 21–43 (2009)
120. Thiesse, F., Gillert, F.: Das smarte Buch. In: E. Fleisch, F. Mattern (eds.) Das Internet der Dinge, pp. 291–299. Springer, Berlin (2005)
121. Thiesse, F., Gross, S.: Integration von RFID in die betriebliche IT-Landschaft. Wirtschaftsinformatik **48**(3), 178–187 (2006)
122. Thiesse, F., Michahelles, F.: An Overview of EPC Technology. Sensor Review **26**(2), 101–105 (2006)
123. Thonemann, U., Behrenbeck, K., Küpper, J., Magnus, K.H.: Supply Chain Excellence im Handel. Gabler, Wiesbaden (2005)
124. Thoroe, L., Melski, A., Schumann, M.: RFID in Reverse Logistics – Research Framework and Roadmap. In: H.R. Hansen, D. Karagiannis, H.G. Fill (eds.) Proceedings der 9. Internationale Tagung Wirtschaftsinformatik (Band 1). Wien, pp. 781–790 (2009)
125. Tröger, R.: Fallstudiengestützte Untersuchung des Bedarfs und der Anforderungen an SCEM-Systeme für die Modeindustrie. In: J. Ruhland, K. Kirchner (eds.) Jena Research Papers in Business and Economics, pp. 57–63. 10. Interuniversitäres Doktorandenseminar Wirtschaftsinformatik (2009)
126. Tröger, R., Vogeler, S., Nickerl, R.: Eventmanagement für Ausnahmefälle. Dispo **2008**(8), 22–25 (2008)
127. Tribowski, C., Spin, K., Günther, O., Sielemann, O.: Storing Data on RFID Tags: A Standards-Based Approach. In: Proceedings of the 17th European Conference on Information Systems (ECIS 2009), Verona, Italien (2009)
128. Tribowski, C., Spin, K., Günther, O., Sielemann, O.: Unternehmensübergreifende RFID-Anwendungen – Eine Fallstu-

die aus der Möbelindustrie zur RFID-basierten Auftragsabwicklung. In: Proceedings der 11. Paderborner Frühjahrstagung (2009)

129. VDEB, AIM Deutschland: Management-Leitfaden für den Einsatz von RFID-Systemen. http://www.vdeb.de/download/2006/Management-Leitfaden-RFID-2006-VDEB-AIM.pdf, (Abruf: 11.11.2009) (2006)
130. Verband der Automobilindustrie: RFID im Behältermanagement der Supply Chain. VDA-Empfehlung 5501 (2008)
131. Vogeler, S.: Entwicklung eines Vorgehensmodells zur Implementierung der RFID-Technologie in logistischen Systemen am Beispiel der Bekleidungswirtschaft. Ph.D. thesis, Universitätsverlag der Technischen Universität Berlin (2009)
132. Walk, E., Büth, D., Desch, M., Rödig, M., Neubauer, F., Gauby, A., Hoisl, A.: RFID Standards and Radio Regulations. Final Report, CE RFID. http://www.rfid-in-action.eu/public/ (2008)
133. Wang, G., Jin, G.: Research and Design of RFID Data Processing Model Based on Complex Event Processing. In: Proceedings of the International Conference on Computer Science and Software Engineering, Wuhan, China, pp. 1396–1399 (2008)
134. Weber, V., Jensen, O.: RFID Implementation in Germany: Challenges and Benefits. Organisation for Economic Cooperation and Development (OECD) (2007)
135. Weichert, T.: Die elektronische Gesundheitskarte. Datenschutz und Datensicherheit **28**(7), 391–403 (2004)
136. Werner, K., Grummt, E., Groß, S., Ackermann, R.: Data-on-Tag: An Approach to Privacy-friendly Usage of RFID Technologies. In: Online Proceedings of the 3rd European Workshop on RFID Systems and Technologies (RFID SysTech), Duisburg (2007)
137. Wessel, R.: RFID Keeps City Sewers Running Smoothly. RFID Journal, http://www.rfidjournal.com/article/articleview/2914/, (Abruf: 29.10.09) (2006)
138. Wiebking, L., Metz, G., Korpela, M., Nikkanen, M., Penttilä, K.: A Roadmap for RFID Applications and Technologies. Final Report, CE RFID. http://www.rfid-in-action.eu/public/ (2008)

139. Ziekow, H., Ivantysynova, L.: A Probabilistic Approach for Cleaning RFID Data. In: Proceedings of the 24th International Conference on Data Engineering Workshops, ICDE 2008, Cancun, Mexico (2008)

Onlinequellen

AIM-Deutschland e.V.
http://www.aim-d.de/
Auf der Internetseite des Industrieverbands für Automatische Identifikation (Auto-ID), Datenerfassung und mobile Datenkommunikation (AIM) finden sich Ankündigungen und Berichte zu Konferenzen rund um den Bereich RFID, zahlreiche Internetlinks zu Technologieanbietern und Forschungseinrichtungen sowie Leitfäden, Studien und Whitepaper zum Herunterladen.

Bremer Institut für Produktion und Logistik GmbH
http://www.biba.uni-bremen.de/rfidleitfaden
Der vom Bremer Institut für Betriebstechnik und angewandte Arbeitswissenschaften entwickelte Planungsleitfaden steht zur interaktiven Durchführung online zur Verfügung. Dabei werden das Anwendungsfeld und die Ziele der RFID-Lösung sowie die technischen und organisatorischen Aspekte angesprochen, mit dem Ziel, dem Benutzer

eine fundierte Selbsteinschätzung über den RFID-Einsatz geben zu können. SWOT-, Stakeholder- und Wirtschaftlichkeitsanalyse vervollständigen das Internetangebot.

BRIDGE: A European Project
http://www.bridge-project.eu
Das von der Europäischen Union geförderte Projekt Bridge (Building Radio Frequency IDentification for the Global Environment) hat das Ziel, Barrieren bei der Umsetzung von RFID-Lösungen basierend auf den Standards von EPCglobal zu überwinden. Die Webseite bietet neben den Publikationen auch aufbereitetes Erklärungsmaterial für verschiedene Zielgruppen (z. B. Manager und Studenten) in diversen Formaten und Erklärungstiefen.

CoBRA - Costs and Benefits of RFID Applications
http://cobra.iml.fraunhofer.de
Auf der Projekthomepage des Fraunhofer-Instituts für Materialfluss und Logistik finden sich die Ergebnisse des Forschungsprojekts für die Entwicklung eines Verfahrens zur Kosten-Nutzen-Bewertung von RFID-Systemen. Neben dem Projektbericht bietet die Internetseite ein Formular, mit dem das entwickelte Excel-basierte Bewertungswerkzeug für die nicht kommerzielle Nutzung angefordert werden kann.

Netzwerk Elektronischer Datentransfer (Electronic Commerce Network)
http://www.ec-net.de
Das Netzwerk Elektronischer Geschäftsverkehr ist eine Förderinitiative des Bundesministeriums für Wirtschaft und Technologie und unterstützt kleine und mittlere Unterneh-

men bei Themen rund um das E-Business. Für den Bereich RFID werden als Materialien ein Leitfaden, ein Merkblatt für den Datenschutz, eine Literaturliste, Praxisbeispiele und Studienergebnisse als Download bereitgestellt.

EPCglobal (in Englisch)
 http://www.epcglobalinc.org/
Das Industriekonsortium EPCglobal ist ein Zusammenschluss von Standardisierungsorganisationen und Anwenderunternehmen mit dem Ziel, Standards für den Einsatz von RFID im EPCglobal-Netzwerk zu erarbeiten. Auf der Webseite von EPCglobal werden die Standards kostenlos veröffentlicht. Weiterführende Informationen sind den Mitgliedern von EPCglobal vorbehalten.

Assessment des RFID-Einsatzes anhand einer Kosten-Nutzenbewertung von RFID-Systemen für mittelständische Unternehmen
 http://www.fir.rwth-aachen.de/projektseiten/rfid-eas/
In diesem Projekt des Forschungsinstituts für Rationalisierung e. V. (FIR) an der RWTH Aachen wurde mit dem „RFID-Business Case Calculator“ ein Software-Werkzeug entwickelt, welches die Kosten- und Nutzenbewertung von RFID-Anwendungen unterstützt. Die Internetseite bietet die Präsentationen der Abschlussveranstaltung sowie ein Video-Tutorial und einen Leitfaden zur Benutzung des Softwaretools.

Informationsforum RFID e. V.
 http://www.info-rfid.de/
Das Informationsforum RFID e. V. ist ein Verein zur Förderung der RFID-Technologie und der Diskussion um ihre

Anwendung. Neben den Informationen für die Zielgruppen Politik, Gesellschaft und Mittelstand bietet die Internetseite Broschüren und Positionspapiere zum Herunterladen an.

Ko-RFID: Kollaboration in RFID-gestützten Wertschöpfungsnetzen
http://www.ko-rfid.de
Das Projekt Ko-RFID (Kollaboration in RFID-gestützten Wertschöpfungsnetzen) ist ein vom Bundesministerium für Wirtschaft und Technologie gefördertes Verbundprojekt aus diversen Forschungsinstitutionen und den Praxispartnern Daimler AG, Gerry Weber International AG und Gustav Wellmann GmbH & Co. KG. Auf der Projekthomepage werden Forschungsergebnisse wie die Standardisierungslandkarte, ein Tool zum Potenzialcheck und der Leitfaden „Kollaboration in unternehmensübergreifenden RFID-Anwendungen" angeboten.

RFID-Atlas
http://www.rfidatlas.de/
Die vom Bundesministerium für Wirtschaft und Technologie geförderte Initiative „Netzwerk Elektronischer Geschäftsverkehr" betreibt mit dem RFID-Atlas ein Internetangebot, bei dem zahlreiche Praxisprojekte zum RFID-Einsatz detailliert beschrieben werden. Die Praxisbeispiele können strukturiert nach Branche, Einsatzgebiet, Frequenz oder Unternehmen aufgerufen werden.

RFID-Forschungslandkarte RFIDiki
http://www.rfidiki.de/
Das RFIDiki ist eine RFID-Forschungslandkarte, erstellt vom Projekt „RFID-spezifische Extended Performance Ana-

lysis zur umfassenden Bewertung von RFID-Investitionen". Neben einer geographischen Darstellung von Forschungsprojekten finden sich auf diesem Webangebot Kurzbeschreibungen von Fallstudien sowie Links zu Anbietern, Verbänden und verwandten Forschungsinitiativen.

EU-Initiative CE RFID
http://www.rfid-in-action.eu (in Englisch)
„RFID in action" ist das Internetangebot der EU-Initiative „Coordinating European Efforts for Promoting the European RFID Value Chain". Neben dem Referenzmodell zur Strukturierung von RFID-Anwendungen stehen Berichte zu verschiedenen Aspekten des Themas RFID zum Herunterladen bereit. In der Wissensdatenbank werden darüber hinaus ausgewählte externe Publikationen zum Download offeriert.

RFID Journal
http://www.rfidjournal.com/ (in Englisch)
RFID Journal ist diversen Quellen zufolge die weltgrößte Informationsquelle für Nachrichten und Informationen zum Thema RFID. Während die Nachrichten und ausgewählte Informationen (insbesondere in der Sektion „get started") frei zugänglich sind, wird für die RFID-Whitepaper eine Registrierung und für Fallstudien sowie Leitfäden eine kostenpflichtige Mitgliedschaft vorausgesetzt.

RFID im Blick
http://www.rfid-im-blick.de
„RFID im Blick, das Medium für kontaktlosen Datentransfer" ist das deutsche Gegenstück zum RFID Journal. Auf der Internetseite sind mehr als 200 Fachbeiträge über

die Oberkategorien Branchen, Anwendungen, Technologien, Diskussion und Wissenschaft abrufbar. Terminankündigungen und Anbieterverzeichnisse vervollständigen das Angebot.

Sachverzeichnis